신약성경 그리스어 초급 문법

신약성경 그리스어 초급 문법

초판 교회인가 2010년 2월 23일
초판 1쇄 2010년 3월 15일
개정판 교회인가 2019년 10월 25일(전주교구장 김선태 주교)
개정판 1쇄 2019년 11월 25일

지은이 정태현
펴낸이 조병우

펴낸곳 한님성서연구소
등록 제85호
주소 경기도 의정부시 평화로 604 2층
전화 031)846-3467
팩스 031)846-3595
카페 https://cafe.naver.com/biblicum

ISBN 978-89-94359-29-8 93230
책값은 뒤표지에 있습니다.

이 도서의 국립중앙도서관 출판예정도서목록(CIP)은
서지정보유통지원시스템 홈페이지(http://seoji.nl.go.kr)와
국가자료종합목록 구축시스템(http://kolis-net.nl.go.kr)에서
이용하실 수 있습니다.(CIP제어번호 : CIP2019045623)

이 책은 초판 『신약성경 그리스어 문법: 초급편』을 수정하고
제목을 바꿔 출간한 것입니다.

신약성경 그리스어 초급 문법

A Grammar for New Testament Greek

정태현

한님성서연구소
Hannim Biblical Institute

초판 펴내며

3년 전 필자가 신약성서학 교수로 임명을 받고 초급 그리스어를 가르칠 때 그 직전까지 사용해 오던 교재가 무엇인지를 알아보고 적잖게 놀랐다. 그것은 다름 아니라 1970년대 초 필자가 대신학교에 다니던 시절 그리스어를 처음 배울 때 교과서로 사용한 박창환 역편의 『신약성서 희랍어 교본』(대한기독교서회, 1962; 원저 : J.G. Machen, *New Testament Greek for Beginners*)이었다. 그러니까 이 책이 거의 50년 동안 신학교 그리스어 교재로 쓰이고 있었다는 말이다. 이 책이 신약성경 그리스어의 기초 문법을 익히는 데 매우 훌륭한 교재라는 사실에는 의문의 여지가 없다. 그러나 그리스어 학습 여건이 크게 바뀐 오늘의 현실에서도 이 교재가 아직도 적절한지는 점검해 볼 필요가 있다.

적어도 가톨릭 신학대학의 경우 현재 거의 모든 신학교에서 그리스어 강의는 두 학기에서 한 학기로 축소되었다. 필자가 직접 교단에서 3년 동안 초급 그리스어를 가르쳐 보니 한 학기로는 기존 희랍어 교본의 내용 가운데 절반 이상의 진도를 나가는 것이 불가능하였다. 또 하나 기초 문법을 익힌 다음 그리스어 강독을 원하는 학생들은 어떻게 지도해야 할 것인가도 고민거리였다. 필자는 이런 현실적 문제에 부응하기 위해 3년 동안 강의 시간마다 학생들에게 기초 문법과 익힘 문제를 인쇄물로 만들어 배포하였다. 그리고 이제 그것들을 모아 정리하여 책으로 엮게 되었다.

이 책 『신약성경 그리스어 문법: 초급편』은 제1부 기초 문법과 제2부 강독 문법으로 나뉜다. 제1부 기초 문법은 한 학기 과정으로, 신약성경에 나오는 중요한 그리스 낱말을 숙지하고 비교적 간단한 본문을 해독하는 것을 돕는 데 목적을 두었다. 제2부 강독 문법은 신약성경 그리스어 본문의 강독을 겨냥하여, 제1부에서 미처 다루지 못한 동사·형용사·부사·명사의 용법, 그리고 문장론을 간략하게 소개한다. 이 과정의 모든 예문은 신약성경 본문에서 가져온 것이고 익힘 문제는 따로 제시하지 않았다. 이 과정을 마치면서 성경 본문의 강독으로 바로 들어가면 될 것이다.

필자는 본 교재의 집필 방향을 간결·명료함으로 삼았다. 또한 모든 설명은 신약성경 그리스어 본문으로 한정하였다. 따라서 칠십인역 구약성경이나 교부들 문헌, 더 나아가 그리스어 고전을 위한 문법서로는 한님성서연구소에서 펴낸 『그리스어 문법』(하성수·강지숙 편저, 분도출판사, 2006)이 있으니 참조하기 바란다. 아무쪼록 본 교재가 신약성경을 그리스어 본문으로 읽고자 하는 모든 신학도와 성서학도들에게 적절한 안내서가 되었으면 좋겠다.

광주가톨릭대학교 질마산 기슭에서

2010년 2월 지은이

개정판 펴내며

『신약성경 그리스어 문법: 초급편』 초판을 출간하고 9년이 흘렀다. 그 동안 신학교와 신학원에서, 그리고 개별 신약성경 그리스어 강좌에서 많은 분들이 이 부족한 책을 애용해 주셨다. 이 자리를 빌려 깊은 감사를 드린다.

초판을 내고 필자가 직접 이 책을 교재로 사용하는 동안 여기 저기 수정하고 보완해야 할 내용들을 적잖이 발견하여 개정판을 내야할 필요성을 느꼈다. 특히 혼자서 공부할 경우 상세한 설명이 부족하여 어려움을 겪는 이들이 많다고 들었다. 사실 초판은 간결·명료함을 집필 방향으로 삼았기에, 지도자 없이 교재만으로는 그리스어를 학습하는 데 한계를 느꼈을 법하다. 이는 한님성서연구소의 연구원들이 지적한 사항이기도 하다.

이런 사정들을 감안하여 개정판을 내기로 마음을 정하고 연구원들의 도움을 받아 본 교재를 내놓는다. 이 책의 특징들을 열거하겠다.

첫째, 책 제목을 초판의 제목에서 약간 바꾸어 『신약성경 그리스어 초급 문법』으로 정했다. 애초에 『신약성경 그리스어 문법: 초급편』을 낼 때는 실제 강독을 위한 중급편을 염두에 두었으나 그런 책이 불필요하다는 생각이 들었다. 신약성경 강독반을 직접 지도해 보니 이 책에 소개한 문법만으로도 신약성경을 읽는 데 충분했기 때문이다.

둘째, 책의 구조를 보다 체계적으로 엮고 좀 더 자세하고 친절한 설명을 덧붙였다. 때로는 설명이 중복될 수도 있는데, 그럴 경우 앞뒤로 관련 항목이나 쪽수들을 밝혀 함께 참조할 수 있도록 하였다.

셋째, 부록에 실린 '동사의 여섯 가지 기본형'을 두 가지로 제시하였다. 먼저 알파벳 순으로 나열하여 해당 동사의 기본형을 쉽게 찾아볼 수 있도록 하였다. 다음으론 어간별로 분류하여 제시함으로써 동일하거나 유사한 어간의 동사들이 기본형에서 어떤 일관성을 갖는지 확인할 수 있게 하였다.

넷째, 익힘 문제에 대한 해답을 제공하였다. 이 해답은 독학으로 공부하는 분들을 위한 것인데, 그것을 어떻게 이용하는가에 따라 독이 될 수도 있고 득이 될 수도 있다. 슬기롭게 이용하기 바란다.

이 개정판을 내는 데 결정적 도움을 준 한님성서연구소 송혜경 박사와 편집 책임자 이효임 연구원에게 깊이 감사를 드린다. 이들의 도움 없이 이 책의 출간은 불가능했을 것이다.

전주 노송동 본당에서
2019년 11월 지은이

차례

제2부 강독 문법

제1부

기초 문법

들어가며

그리스어는 처음에 세 가지 방언, 곧 도리아(그리스 북중부 지역)·에올리아(소아시아 서북 해안)·이오니아(소아시아 서쪽 지중해 연안과 에게 해에 면한 지방) 방언이 있었는데 나중에 이오니아 방언을 기초로 한 아티카(그리스 동남부 지역) 그리스어가 득세를 하였다. 호메로스(8/9세기)에서 알렉산드로스 대왕 정복 때(기원전 330년경)까지 통용되던 그리스어를 고전 그리스어라 하고, 그 뒤부터 기원후 6세기까지 통용되던 그리스어를 코이네 그리스어라 한다. 그리스어 구약성경(칠십인역)과 신약성경이 코이네 그리스어로 쓰였다. 그래서 코이네 그리스어를 성경 그리스어라고도 한다. 아티카 그리스어는 문어체 그리스어이고, 코이네 그리스어는 구어체 그리스어이다. 이 문법책은 신약성경에 쓰인 그리스어를 익히기 위한 것이다.

제1과

그리스어 알파벳과 각종 부호

01 알파벳 대문자와 소문자와 숫자 표시

대문자	소문자	이름	발음	숫자 표시		
Α	α	알파	아	α´	1	
Β	β	베타	ㅂ	β´	2	
Γ	γ	감마	ㄱ	γ´	3	
Δ	δ	델타	ㄷ	δ´	4	
Ε	ϵ	엡실론	에	ϵ´	5	ϛ´또는 Ϝ(바우/디감마) 6
Ζ	ζ	제타	ㅈ	ζ´	7	
Η	η	에-타	에	η´	8	
Θ	θ	테타(thēta)	ㅌ	θ´	9	
Ι	ι	요타	이	ι´	10	ια´, ιβ´ 11, 12
Κ	κ	카파	ㅋ	κ´	20	
Λ	λ	람다	ㄹ	λ´	30	
Μ	μ	뮈	ㅁ	μ´	40	
Ν	ν	뉘	ㄴ	ν´	50	
Ξ	ξ	크시	크ㅅ	ξ´	60	
Ο	ο	오미크론	오	ο´	70	
Π	π	피	ㅍ	π´	80	ϙ´(콥파) 90
Ρ	ρ	(흐)로	ㄹ	ρ´	100	
Σ	σ, ς	시그마	ㅅ	σ´	200	
Τ	τ	타우	ㅌ	τ´	300	
Υ	υ	윕실론	위	υ´	400	
Φ	φ	피(phi)	ㅍ	φ´	500	
Χ	χ	키(chi)	ㅋ	χ´	600	
Ψ	ψ	프시	프ㅅ	ψ´	700	
Ω	ω	오-메가	오	ω´	800	ϡ´(삼피) 900

α β γ δ ϵ ζ η θ ι κ λ μ ν ξ ο π ρ σ ς τ υ ϕ χ ψ ω

01-1 **주의해서 읽어야 할 자음**

γ 뒤에 γ, κ, χ, ξ가 오면 앞의 γ를 [응]으로 읽는다.

ἄγγελος [앙겔로스]

01-2 **이중모음**

αι	ει	οι	υι	αυ	ευ	ηυ	ου
아이	에이	오이	우이(위)	아우	에우	에우	우

01-3 **단모음과 장모음**

- ϵ, ο는 단모음, η, ω는 장모음, 이중모음도 장모음이다.
- α, ι, υ는 단모음도 될 수 있고 장모음도 될 수 있다.

01-4 **하기下記 ι**

- ι가 장모음과 연결될 때는 ᾳ, ῃ, ῳ가 된다.
- 대문자에서는 나란히 쓴다

τῃ → THI

01-5 Ϝ ϙ ϡ

- Ϝ ϙ ϡ는 원시 그리스어의 알파벳에 있었으나 일상적으로는 사용되지 않았고 수사로만 사용되었다.
- Ϝ('바우' 또는 '디감마')는 영어의 V나 W에 해당하고, ϙ('콥파')는 Q에 해당하며 ϡ('삼피')는 시그마의 다른 형태다.

02 숨표와 악센트 기호와 구두점

02-1 **숨표**

- 낱말이 모음으로 시작하면 그 첫 모음에 숨표를 붙인다.

연숨표 ἀ [아] **강숨표** ἁ [하]

- 첫 대문자 모음에서는 숨표를 모음 왼쪽에 붙인다.
  Ἀβραάμ
- 이중모음에서는 둘째 모음에 붙는다.
  αὐ [아우] αὑ [하우]
- ρ와 υ이 처음 나올 때는 강숨표가 붙는다.
  ῥ ὑ υἱ

02-2 **악센트 기호**

- 악센트는 세 종류가 있다. 낱말에 붙은 숨표와 악센트 종류에 따라 의미가 달라지기도 하므로 주의해야 한다.
  애큐트 Βίβλος
  써콤플렉스 Χριστοῦ
  그레이브 Ἀβραὰμ
- 첫 대문자 모음에 악센트가 올 때는 숨표와 악센트를 왼쪽 옆에 붙인다.
  Ἄρτος

02-3 **가름표**

- 연달아 나오는 두 모음이 이중모음이 아닐 경우 이를 표시하기 위해 둘째 모음 위에 가름표(¨)를 붙인다.
  πρόϊμος [프로이+모스]가 아니라 [프로+이모스]
- 가름표와 악센트가 함께 붙을 때
  προΐστημι [프로이+스테미]가 아니라 [프로+이스테미]

02-4 **구두점**

- 구두점에는 쉼표(,), 마침표(.), 글자 위 마침표(·), 세미콜론(;) 등이 있다.
- 쉼표와 마침표는 우리말 용법과 같다.
- 글자 위 마침표(ὥρα·)는 영어의 콜론(:)이나 세미콜론(;) 구실을 한다.
- 세미콜론(;)은 우리말의 물음표 구실을 한다.

익힘 마태 1,1-11 읽기 연습[1]

1 1 Βίβλος γενέσεως Ἰησοῦ Χριστοῦ υἱοῦ Δαυὶδ υἱοῦ
Ἀβραάμ.
2 Ἀβραὰμ ἐγέννησεν τὸν Ἰσαάκ, Ἰσαὰκ δὲ ἐγέννησεν
τὸν Ἰακώβ, Ἰακὼβ δὲ ἐγέννησεν τὸν Ἰούδαν καὶ τοὺς
ἀδελφοὺς αὐτοῦ, 3 Ἰούδας δὲ ἐγέννησεν τὸν Φάρες
καὶ τὸν Ζάρα ἐκ τῆς Θαμάρ, Φάρες δὲ ἐγέννησεν τὸν
Ἑσρώμ, Ἑσρὼμ δὲ ἐγέννησεν τὸν Ἀράμ, 4 Ἀρὰμ δὲ
ἐγέννησεν τὸν Ἀμιναδάβ, Ἀμιναδὰβ δὲ ἐγέννησεν
τὸν Ναασσών, Ναασσὼν δὲ ἐγέννησεν τὸν Σαλμών,
5 Σαλμὼν δὲ ἐγέννησεν τὸν Βόες ἐκ τῆς Ῥαχάβ, Βόες
δὲ ἐγέννησεν τὸν Ἰωβὴδ ἐκ τῆς Ῥούθ, Ἰωβὴδ δὲ
ἐγέννησεν τὸν Ἰεσσαί, 6 Ἰεσσαὶ δὲ ἐγέννησεν τὸν
Δαυὶδ τὸν βασιλέα.
Δαυὶδ δὲ ἐγέννησεν τὸν Σολομῶνα ἐκ τῆς τοῦ
Οὐρίου, 7 Σολομὼν δὲ ἐγέννησεν τὸν Ῥοβοάμ, Ῥοβοὰμ
δὲ ἐγέννησεν τὸν Ἀβιά, Ἀβιὰ δὲ ἐγέννησεν τὸν
Ἀσάφ, 8 Ἀσὰφ δὲ ἐγέννησεν τὸν Ἰωσαφάτ, Ἰωσαφὰτ
δὲ ἐγέννησεν τὸν Ἰωράμ, Ἰωρὰμ δὲ ἐγέννησεν τὸν
Ὀζίαν, 9 Ὀζίας δὲ ἐγέννησεν τὸν Ἰωαθάμ, Ἰωαθὰμ δὲ
ἐγέννησεν τὸν Ἀχάζ, Ἀχὰζ δὲ ἐγέννησεν τὸν Ἑζεκίαν,
10 Ἑζεκίας δὲ ἐγέννησεν τὸν Μανασσῆ, Μανασσῆς δὲ
ἐγέννησεν τὸν Ἀμώς, Ἀμὼς δὲ ἐγέννησεν τὸν Ἰωσίαν,
11 Ἰωσίας δὲ ἐγέννησεν τὸν Ἰεχονίαν καὶ τοὺς ἀδελφοὺς
αὐτοῦ ἐπὶ τῆς μετοικεσίας Βαβυλῶνος.

---

1) 예수님의 족보는 대문자와 소문자가 적절하게 배합되어 있어서 철자 익히기에 좋은 본문이다.

제2과

악센트

악센트는 법칙이 까다로워 배우기가 어렵다. 그러나 악센트의 유무나 변형에 따라 낱말의 뜻이 완전히 달라질 수 있고 성경 본문을 인용할 때도 정확하게 표시해야 하므로 꼭 짚고 넘어가야 한다.

03 악센트의 기초 사항

03-1 음절

- 음절은 낱말을 구성하는 말소리의 최소 단위이며, 모음과 자음, 또는 단독 모음으로 이루어진다.
- 장음절은 장모음과, 단음절은 단모음과 함께 구성된다.
- 이중모음은 장음절이지만 끝에 오는 -οι나 -αι는 악센트에 관한 한 단모음으로 취급한다.
  ἄνθρωποι
- 그러나 이중모음 끝에 자음이 붙을 때는 장모음이 된다.
  ἀνθρώποις

03-2 악센트가 붙은 음절의 명칭

- 낱말의 마지막 음절을 **얼티마**(u=ultima),
- 끝에서 둘째 음절을 **피널트**(p=penult),
- 끝에서 셋째 음절을 **안티피널트**(a=antipenult)라고 한다.

04 일반 규칙

04-1 애큐트

- 얼티마, 피널트, 안티피널트 가운데 어느 하나에 붙는다.
  ἄνθρωπος, ἀγάπη, ἀδελφός

- 구두점이 오지 않고 다른 낱말이 이어지면 그레이브로 바뀐다.
  ὁ Χριστὸς ἀγαθός

04-2 **써콤플렉스**

피널트와 안티피널트 가운데 어느 하나에 붙는다. 단, 장음절에만 붙는다.
δοῦλος, θεῷ

04-3 **그레이브**

- 얼티마에만 붙는다.
  ἀδελφὸς καὶ ἀπόστολος
- 그러나 구두점이 오면 애큐트로 바뀐다(04-1과 비교).
  ἡ καλὴ γυνή.

04-4 **얼티마가 장음절인 경우**

- 얼티마가 장음절인 경우 얼티마나 피널트에만 악센트가 붙고 안티피널트에는 악센트를 붙이지 못한다.
- 얼티마에 악센트를 붙일 때는 애큐트나 써콤플렉스를 붙인다.
  γυνή, γραφῆς
- 피널트에 악센트를 붙일 때는 장음절이라도 반드시 애큐트를 붙인다.
  ἀνθρώπου

04-5 **얼티마가 단음절인 경우**

- 얼티마, 피널트, 안티피널트 모두 악센트를 가질 수 있다.
- 얼티마 자체에 애큐트가 붙을 수 있다.
  ἀδελφός, δυνατός
- 장음절 피널트에 붙일 경우 반드시 써콤플렉스여야 한다.
  δοῦλε, προφῆται
- 단음절 피널트에 붙일 경우 당연히 애큐트다(04-2; 04-3 참조).
  καρδία
- 안티피널트에 붙일 경우에는 반드시 애큐트여야 한다.
  ἄνθρωπος

04-6 종합

- 얼티마에는 세 개의 악센트를 다 붙일 수 있다.
  ú, û, ù
- 피널트에는 애큐트(단음절)와 써콤플렉스(장음절)를 붙일 수 있다.
  ṕ, p̂
- 안티피널트에는 애큐트만 붙일 수 있다.
  á

05 동사의 악센트

05-1 큰 원칙

일반 규칙에 어긋나지 않는 것을 전제로 마지막 음절에서 가장 먼 곳에 악센트가 붙는다.

ἀκούω, ἤκουον

05-2 규칙 동사(-ω)의 예외 규정

- **부정사** 단순과거 능동태(ἀκοῦσαι)와 현재완료의 능동태(λελυκέναι), 단순과거의 수동태 부정사(λυθῆναι)는 피널트에 붙는다.
- **분사** 현재완료의 중간태·수동태 주격(λελυμένος, -μένη, -μένον)과 단순과거의 수동태 주격(λυθείς, -θεῖσα, -θέν)은 피널트에 붙고, 현재완료의 능동태 분사 주격(λελυκώς, -κυῖα, -κός)은 얼티마에 붙는다.
- 이런 불규칙성은 부정사와 분사가 명사나 형용사 구실을 하기 때문에 생겨난 것으로 보인다.
- 그 밖에 몇몇 불규칙 동사에서는 예외인 경우가 있다.

06 동사 이외의 악센트

06-1 명사나 형용사 및 분사의 악센트

- 다른 격들에서도 단수 주격의 악센트 위치를 고수하려는 경향이 있다.
- 따라서 단수 주격의 악센트 위치를 잘 익혀 둬야 한다.

06-2 **제1변화 명사와 분사의 복수 속격**

제1변화 모든 명사와 분사의 복수 속격은 얼티마에 써콤플렉스를 갖는다.

ἡμερῶν, προφητῶν

06-3 **제1·2변화 명사의 단·복수 속격과 여격**

- 제1변화와 제2변화에 속하면서 얼티마에 악센트를 가진 명사의 단·복수 속격과 여격은 써콤플렉스를 갖고 그 밖의 격은 애큐트를 갖는다.

		제1변화	제2변화
		ζωή ἡ 생명	ὁδός ἡ 길
단수	주격	ζωή	ὁδός
	속격	ζωῆς	ὁδοῦ
	여격	ζωῇ	ὁδῷ
	대격	ζωήν	ὁδόν
	호격	ζωή	ὁδέ
복수	주격	ζωαί	ὁδοί
	속격	ζωῶν	ὁδῶν
	여격	ζωαῖς	ὁδοῖς
	대격	ζωάς	ὁδούς
	호격	ζωαί	ὁδοί

- 그러나 γῆ나 βορρᾶς의 경우는 예외로 해당 어간에 언제나 써콤플렉스가 붙는다. -ῆ나 -ᾶς가 이미 축약된 어간이기 때문이다.

06-4 **제3변화 단음절 명사의 단·복수 속격과 여격**

제3변화 단음절 명사는 단·복수 속격과 여격에서 언제나 얼티마에 악센트가 붙는다. 제17과 49-2의 변화표를 참조하라.

제3과

동사의 다섯 기본 요소, λύω와 εἰμί의 직설법 현재 능동태

그리스어 동사의 의미를 결정하는 데는 다섯 가지 요소가 있다.

법, 시상, 태, 인칭, 수

07 **법**法

동사의 법은 말하는 주체의 의사를 반영한다.

- **직설법** 보통의 발언이나 질문에 쓰인다. 사실과 확실성을 표현한다.
  나는 푼다, … 풀 것이다, … 풀었다
- **접속법** 조건, 양보, 목적, 금지, 권고 등 종속절에 쓰인다. 가능성을 표현한다.
  내가 푼다면, … 풀지라도, … 풀기 위해
- **희구법** 원의와 기대를 표현하는 데 쓰인다. 신약성경에는 드물게 나온다.
  내가 풀었으면 좋겠다
- **명령법** 2인칭과 3인칭의 명령이나 금령에 쓰인다. 간구를 표현하기도 한다.
  (네가) 풀어라, 풀지 마라, (그로 하여금) 풀게 하라, 풀어 주소서
- **부정사** 시상과 태를 갖추고, 부사와 주어와 객어를 동반하면서 명사 구실을 하는 동사 형태다.
  푸는 것, 풀기
- **분사** 시상과 태를 갖추고, 부사와 주어와 객어를 동반하면서 형용사 구실을 하는 동사 형태다. 형용사처럼 성·수·격이 있다.
  푸는

08 **시상**時相

그리스어 동사의 시제市制는 본디 동작의 시간time보다 상태aspect를 우선적으로 나타내지만 이 둘을 다 같이 표현하기에, 시상時相이라는 말로 부르는 게 타당하다. 그래서 현재 시제, 과거 시제가 아니라 현재 시상, 과거 시상 등으로 쓰겠다.

08-1 **제1시상, 제2시상과 현재 체계, 과거 체계, 완료 체계**

그리스어 동사의 시상은 시간별 그리고 상태별로 분류할 수 있다.

- 시간으로 분류하자면 이렇다.

제1시상 현재·미래·현재완료

제2시상 미완료·단순과거·과거완료

- 상태로 분류하자면 이렇다.

현재 체계 현재(제1시상)와 미완료(제2시상)

과거 체계 미래(제1시상)와 단순과거(제2시상)

완료 체계 현재완료(제1시상)와 과거완료(제2시상)

시간 \ 상태	현재 체계	과거 체계	완료 체계
제1시상	현재	미래	현재완료
제2시상	미완료	단순과거	과거완료

08-2 **제1·2시상과 세 체계의 의미**

- 그리스어 동사를 시간과 관련지어 분류하면 제1시상과 제2시상으로 나뉜다. 제1시상은 현재와 미래와 관련 있고 제2시상은 과거와 관련 있다.

- 그리스어 동사를 동작의 상태와 관련지어 분류하면 현재 체계·과거 체계·완료 체계, 셋으로 나뉜다. 새가 나는 것을 예로 이 체계를 풀이하면 이렇다.

현재 체계 **계속적 동작**. 내가 지켜보는 가운데 새가 날아다니고 있거나 날아왔다가 날아가는 행동을 반복하는 것을 말한다.

과거 체계 **일회적 동작**. 내가 지켜보는 가운데 새가 날아간 것이나 앉아 있던 새가 앞으로 날아가 버리게 될 것을 말한다.

완료 체계 **동작의 완료**. 새가 이미 날아가 버려서 내 시야에서 완전히 사라져 버린 것을 말한다.

- 실제로 과거·현재·미래의 시간 구분은 직설법에만 해당하고 다른 법에서는 동작의 상태를 나타낸다.

09 태態

동사의 태는 주어의 상태를 알려 준다.

- **능동태** 주어가 다른 것에 영향을 준다.
  내가 (무엇을) 푼다
- **중간태** 주어가 자신에게 영향을 준다.
  내가 스스로 (자신을) 푼다, 내가 곧 푼다
- **수동태** 주어가 다른 것에 의해서 영향을 받는다.
  내가 (무엇에 의해서) 풀린다.

10 인칭人稱

- 세 가지가 있다.
  1인칭 나, 우리
  2인칭 너, 너희
  3인칭 그, 그들; 그것, 그것들
- 인칭을 나타내는 대명사는 강조나 비교의 목적이 아니면 따로 표기하지 않는다. 동사만으로 주어의 인칭과 수가 드러나기 때문이다.
  (ἐγὼ) λύω 나는 푼다.
  (σὺ) λύεις 너는 푼다.

11 수數

- 단수와 복수가 있다.
- 동사의 활용은 인칭과 수에 맞추어야 하지만, 신약성경에서 주어가 비인격 명사의 중성 복수 주격일 경우 흔히 그 동사는 3인칭 단수 어미를 갖는다.

  τὰ ὀνόματά ἐστιν 이름들은 …이다(마태 10,2)

- **τέκνα, δαιμόνια, πνεύματα, ἔθνη**도 비인격 명사로 취급하여 동사에 3인칭 단수 어미를 붙인다.

12 λύω와 εἰμί의 직설법 현재 능동태

	λύω(풀다)의 직설법 현재 능동태		εἰμί(…이다)의 직설법 현재 능동태	
	단수	복수	단수	복수
1인칭	λύω	λύομεν	εἰμί	ἐσμέν
2인칭	λύεις	λύετε	εἶ	ἐστέ
3인칭	λύει	λύουσι(ν)	ἐστί(ν)	εἰσί(ν)

Τί λύετε τὸν πῶλον; 왜 그 어린 나귀를 푸는 거요?(루카 19,33)

καὶ λύουσιν αὐτόν. 그래서 그들(제자들)이 그것을 푼다(마르 11,4).

ὑμεῖς ἐκ τοῦ θεοῦ ἐστε, τεκνία.

자녀 여러분, 여러분은 하느님께 속한 사람입니다(1요한 4,4).

πάντες γὰρ ὑμεῖς υἱοὶ φωτός ἐστε καὶ υἱοὶ ἡμέρας.
οὐκ ἐσμὲν νυκτὸς οὐδὲ σκότους·

여러분은 모두 빛의 자녀이며 낮의 자녀입니다.

우리는 밤이나 어둠에 속한 사람이 아닙니다(1테살 5,5).

12-1 어간과 어미

변하지 않는 것은 어간이고 변하는 것은 어미다. 더 자세한 내용은 제10과 34를 참조하라.

12-2 이동 ν

- λύω 동사의 복수 3인칭과 εἰμί 동사의 단·복수 3인칭이 모음 앞에 오든지 또는 문장의 맨 끝에 올 때는 ν가 붙는다.
  λύουσι(ν), ἐστί(ν), εἰσί(ν)
- 그러나 때로는 자음 앞에서도 ν가 붙을 수 있다.

낱말

ἀκούω 듣다 *acoustics
βάλλω 던지다 *ballistic
βλέπω 보다
γράφω 쓰다 *graphic
γινώσκω 알다 *gnosticism
διδάσκω 가르치다 *didactic
εἰμί …이다, 있다
ἔχω 가지다
θέλω 원하다
λαμβάνω 받다, 취하다
λέγω 말하다 *dialogue
λύω 풀다, 파괴하다 *analyze
πιστεύω 믿다

καί 그리고
ὅτι …하는 것을(that), 때문에
οὐ(+자음), οὐκ(+모음), οὐχ(+강숨표 달린 모음) 아니

익힘

1. λέγω καὶ οὐκ ἀκούεις.
2. διδάσκεις καὶ γράφουσιν.
3. θελόμεν καὶ λαμβάνομεν.
4. βάλλετε καὶ λύουσιν.
5. οὐ βλέπομεν καὶ πιστεύομεν.
6. οὐκ εἰσίν.
7. διδάσκω καὶ οὐ γινώσκετε.
8. θέλεις καὶ οὐκ ἔχεις.
9. πιστεύομεν ὅτι λέγεις καὶ διδάσκεις.
10. γινώσκομεν ὅτι οὐ θέλετε.

제4과

관사와 명사 제1변화

13 관사

- 우리말에는 관사가 없고 영어와 비교할 수 있다. 영어에는 정관사와 부정관사가 있다. 그리스어에는 정관사만 있고 부정관사는 없다.
- 관사는 일반적으로 명사를 한정하거나 지적하는 구실을 한다.

ὁ θεός 성부, θεός 하느님, 신

13-1 관사 ὁ, ἡ, τό

		남성	여성	중성
단수	주격	ὁ	ἡ	τό
	속격	τοῦ	τῆς	τοῦ
	여격	τῷ	τῇ	τῷ
	대격	τόν	τήν	τό
복수	주격	οἱ	αἱ	τά
	속격	τῶν	τῶν	τῶν
	여격	τοῖς	ταῖς	τοῖς
	대격	τούς	τάς	τά

- 관사 남성과 여성의 주격 단수 복수(ὁ, ἡ, οἱ, αἱ)는 후접어Proclitic다. 후접어는 악센트 없는 한 음절짜리 낱말로서 뒤따라 오는 낱말에 붙여 읽는 말이다.
- 제8과, 24-1를 참조하라.

13-2 그리스어 관사의 특별 용법

그리스어와 영어의 관사는 용법에서 서로 다르다.

- 고유명사에도 관사가 붙을 수 있다.

ὁ 'Ιωάννες

- 지시대명사(제9과 27 참조)와 함께 쓰이는 낱말에 주로 온다.
  οὗτος ὁ υἱός 이 아들 (영어: 관사 없이 this son)
- 속격 인칭대명사(제9과 26-3 참조)와 함께 쓰이는 낱말에 붙는다.
  ἡ μήτηρ μου 나의 어머니 (영어: 관사 없이 my mother)

14 -α, -η로 끝나는 명사 제1변화

		ὥρα,-ας, ἡ 시간	δόξα,-ης, ἡ 영광	γραφή,-ῆς, ἡ 문서
단수	주	ὥρα	δόξα	γραφή
	속	ὥρας	δόξης	γραφῆς
	여	ὥρᾳ	δόξῃ	γραφῇ
	대	ὥραν	δόξαν	γραφήν
	호	ὥρα	δόξα	γραφή
복수	주	ὧραι	δόξαι	γραφαί
	속	ὡρῶν	δοξῶν	γραφῶν
	여	ὥραις	δόξαις	γραφαῖς
	대	ὥρας	δόξας	γραφάς
	호	ὧραι	δόξαι	γραφαί

14-1 명사의 성·수·격

그리스어 명사는 다른 인도-유럽어처럼 성·수·격이 있다.

- **성** 남성, 여성, 중성
- **수** 단수, 복수
- **격** 주격, 속격, 여격, 대격, 호격

14-2 **-α 변화**

그리스어 명사도 변하지 않는 어간과 변화하는 어미로 나뉜다. 제1변화에 속하는 명사들은 본디 어간이 모두 -α로 끝났었다. 고전 그리스어에서 긴 α는 η로 표기하였다. 그래서 -α 변화라고도 한다.

14-3 **-α, -η 변화**

- 제1변화 명사들은 남성과 여성으로 구분되는 두 가지 형태가 있다.
- 주격 단수가 -α나 -η로 끝나는 명사들은 모두 여성이다.

14-4 **어미 α앞에 ϵ, ι, ρ가 있을 때**

단수 주격 어미 α 앞에 ϵ, ι, ρ가 있으면 속격과 여격이 -ας, -ᾳ, 그 밖에는 -ης, -ῃ로 바뀐다. 그러나 복수에서는 일관된 형태를 띤다.

15 -ης, -ας로 끝나는 명사 제1변화

		μαθητής,-οῦ, ὁ 제자	νεανίας,-ου, ὁ 젊은이	Ἰούδας,-α, ὁ 유다
단수	주	μαθητής	νεανίας	Ἰούδας
	속	μαθητοῦ	νεανίου	Ἰούδα
	여	μαθητῇ	νεανίᾳ	Ἰούδᾳ
	대	μαθητήν	νεανίαν	Ἰούδαν
	호	μαθητά	νεανία	Ἰούδα
복수	주	μαθηταί	νεανίαι	
	속	μαθητῶν	νεανιῶν	
	여	μαθηταῖς	νεανίαις	
	대	μαθητάς	νεανίας	
	호	μαθηταί	νεανίαι	

주격 단수가 -ης, -ας로 끝나는 명사들, 그리고 -ας로 끝나는 인명은 모두 남성이다.

낱말

ἀλήθεια,-ας, ἡ 진리
ἁμαρτία,-ας, ἡ 죄
βασιλεία,-ας, ἡ 왕국, 나라
Γαλιλαία,-ας, ἡ 갈릴래아
διασπορά,-ᾶς, ἡ 분산, 흩어짐
ἐκκλησία,-ας, ἡ 교회
ἡμέρα,-ας, ἡ 날
καρδία,-ας, ἡ 마음, 심장
οἰκία,-ας, ἡ 집
σοφία,-ας, ἡ 지혜
χαρά,-ᾶς, ἡ 기쁨
ὥρα,-ας, ἡ 시간

ἀγάπη,-ης, ἡ 사랑
γῆ,-ῆς, ἡ 땅, 지구
γραφή,-ῆς, ἡ 문서, 성경
δικαιοσύνη,-ης, ἡ 정의
εἰρήνη,-ης, ἡ 평화
ἐντολή,-ῆς, ἡ 계명
ζωή,-ῆς, ἡ 생명
κεφαλή,-ῆς, ἡ 머리
παραβολή,-ῆς, ἡ 비유
συναγωγή,-ῆς, ἡ 회당
φωνή,-ῆς, ἡ 음성, 소리
ψυχή,-ῆς, ἡ 혼, 목숨

δόξα,-ης, ἡ 영광
θάλασσα,-ης, ἡ 바다

βαπτιστής,-οῦ, ὁ 세례자
μαθητής,-οῦ, ὁ 제자
προφήτης,-ου, ὁ 예언자

βορρᾶς,-ᾶ, ὁ 북풍[1)]
Ἰούδας,-α, ὁ 유다

1) 그리스 신화에서 보레아스는 북풍의 신.

명사 제1변화 보충

γενεά,-ᾶς, ἡ 세대, 시대 *geneology
ἐπαγγελία,-ας, ἡ 약속
ἐπιθυμία,-ας, ἡ 욕망, 열정
θύρα,-ας, ἡ 문
σκοτία,-ας, ἡ 어둠
σωτηρία,-ας, ἡ 구원 *soteriology
χρεία,-ας, ἡ 궁핍, 필요

ἀρχή,-ῆς, ἡ 시작, 처음
ὀργή,-ῆς, ἡ 분노, 진노
περιτομή,-ῆς, ἡ 할례
προσευχή,-ῆς, ἡ 기도
τιμή,-ῆς, ἡ 공경
φυλακή,-ῆς, ἡ 감시, 감옥

νεανίας,-ου, ὁ 젊은이

ἀλλά 그러나(절 처음에 온다)
δέ 그러나, 그리고(첫 낱말 다음에 온다)

익힘

1. ἡ ἀγάπη ἐστιν ἡ χαρὰ τοῦ νεανίου.
2. λέγομεν τοῖς μαθηταῖς τοῦ προφήτου.
3. βλέπετε τὴν γραφὴν τῆς ζωῆς καὶ ἀληθείας.
4. γινώσκει τὴν ἁμαρτίαν τοῦ Ἰούδα.
5. θέλουσι τὴν βασιλείαν τῆς ἀγάπης καὶ εἰρήνης.
6. ἡ ἐκκλησία καὶ ἡ συναγωγὴ διδάσκουσι τὴν εἰρήνην.
7. οἱ μαθηταὶ ἀκούουσι τὴν φωνὴν τοῦ βαπτιστοῦ.
8. τὴν ἡμέραν καὶ ὥραν τῆς γῆς λαμβάνομεν.
9. γινώσκει ὁ προφήτης ὅτι πιστεύετε; οὐ γινώσκω.
10. ταῖς καρδίαις τῶν νεανιῶν διδάσκετε τὴν ἐντολὴν τῆς ἀγάπης.

명사 제2변화

16 -ος, -ον으로 끝나는 명사 제2변화

		λόγος,-ου, ὁ 말씀	δῶρον,-ου, τό 선물	Ἰησοῦς,-οῦ, ὁ 예수
단수	주	λόγος	δῶρον	Ἰησοῦς
	속	λόγου	δώρου	Ἰησοῦ
	여	λόγῳ	δώρῳ	Ἰησοῦ
	대	λόγον	δῶρον	Ἰησοῦν
	호	λόγε	δῶρον	Ἰησοῦ
복수	주	λόγοι	δῶρα	
	속	λόγων	δώρων	
	여	λόγοις	δώροις	
	대	λόγους	δῶρα	
	호	λόγοι	δῶρα	

16-1 -ο 변화

제2변화에 속하는 명사들은 그 어간이 본디 -ο로 끝났다. 그래서 이를 -ο 변화라고 한다.

16-2 -ος, -ον으로 끝나는 명사의 성

- 제2변화는 비교적 단순하여 크게 -ος로 끝나는 명사와 -ον으로 끝나는 명사로 나눌 수 있다.
- -ος로 끝나는 명사는 대부분 남성이고 일부만 여성인 반면, -ον으로 끝나는 명사는 모두 중성이다.

16-3 **중성 주격과 대격**

- 중성의 모든 명사와 대명사와 형용사는 예외 없이 단·복수 주격과 대격이 똑같다.
- 또한 모든 중성 낱말의 복수 주격과 대격은 -α로 끝난다.

낱말

ἄγγελος,-ου, ὁ 천사, 사자使者
ἀδελφός,-οῦ, ὁ 형제
ἄνθρωπος,-ου, ὁ 사람
ἀπόστολος,-ου, ὁ 사도
ἄρτος,-ου, ὁ 빵
δοῦλος,-ου, ὁ 종
θάνατος,-ου, ὁ 죽음
καιρός,-οῦ, ὁ 때(정해진 시간), 계절
κόσμος,-ου, ὁ 우주, 세상
κύριος,-ου, ὁ 주인, 주님
λαός,-οῦ, ὁ 백성
ναός,-οῦ, ὁ 성전(성소, 건물 자체)
νόμος,-ου, ὁ 율법
οἶκος,-ου, ὁ 집
ὄχλος,-ου, ὁ 군중
οὐρανός,-οῦ, ὁ 하늘
ὀφθαλμός,-οῦ, ὁ 눈
τόπος,-ου, ὁ 장소
υἱός,-οῦ, ὁ 아들

θεός,-οῦ, ὁ/ἡ 신, 여신[1]

βίβλος,-ου, ἡ 책, 두루마리
ἔξοδος,-ου, ἡ 출구, 탈출
ἔρημος,-ου, ἡ 사막, 광야
ὁδός,-οῦ, ἡ 길

1) 때때로 호격 -ϵ 대신에 주격 -ος가 사용된다. 아티카어에서는 호격이 늘 θϵός

παρθένος,-ου, ὁ/ἡ 동정(묵시 14,4만 남성)

βιβλίον,-ου, τό 책, 두루마리
δαιμόνιον,-ου, τό 영, 악령
δῶρον,-ου, τό 선물
ἔργον,-ου, τό 일
εὐαγγέλιον,-ου, τό 복음
ἱερόν,-οῦ, τό 성전(구역 전체)
πρόσωπον,-ου, τό 얼굴
σάββατον,-ου, τό 안식일
σημεῖον,-ου, τό 표징

명사 제2변화 보충
ἀγρός,-οῦ, ὁ 밭
διάβολος,-ου, ὁ 악마, 사탄(고발자)
διδάσκαλος,-ου, ὁ 선생, 교사 *didactic
θρόνος,-ου, ὁ 왕좌 *throne
καρπός,-οῦ, ὁ 열매
λίθος,-ου, ὁ 돌
φόβος,-ου, ὁ 두려움, 경외함 *phobia
χρόνος,-ου, ὁ 시간 *chronology

θηρίον,-ου, τό 맹수, 짐승
μνημεῖον,-ου, τό 무덤, 기념비
παιδίον,-ου, τό 어린이 *p(a)edagogy
πρόβατον,-ου, τό 양

다. 칠십인역에서는 호격이 대부분 θεός(시편 3,8; 5,11)이지만 가끔 θεέ도 보인다(판관 16,28; 21,3; 토빗 3,11 등).

익힘

1. οἱ ἄνθρωποι λαμβάνουσιν ἀγάπην τοῦ κυρίου.
2. βλέπουσι οἱ ἀγγέλοι τοῦ πρόσωπον θεοῦ;
3. τὸ ἱερόν καὶ ὁ ναὸς εἰσιν ὁ οἶκος τοῦ κυρίου.
4. ὁ λαὸς τῆς γῆς οὐ γινώσκει τὸ δῶρον τοῦ εὐαγγελίου.
5. θέλει ὁ ἀπόστολος ὅτι οἱ μαθηταὶ ἔχουσιν τὴν βίβλιον τῆς ζωῆς.
6. τὸ παιδίον οὐ γινώσκει τὴν ὁδὸν τῆς ἐρήμου.
7. Ἰησοῦς λέγει ὅτι ὁ υἱὸς τοῦ ἀνθρώπου ἐστιν κύριος τοῦ σαββάτου.
8. τὸ ἱερὸν ἔχει ναόν.
9. ὁ κόσμος οὐ πιστεύει ὅτι ὁ Ἰησοῦς ἐστιν ὁ ἄρτος τῆς ζωῆς.
10. ὁ ὄχλος Γαλιλαίας βλέπει τὸ ἔργον τοῦ Ἰησοῦ καὶ οὐ γινώσκει τὸ σημεῖον τοῦ καιροῦ.
11. ὁ φόβος τοῦ θεοῦ ἀρχὴ σοφίας ἐστιν.
12. ὁ θεὸς τῆς εἰρήνης διδάσκει τὸν λόγον τῆς ζωῆς τοῖς ἄγγελοις.
13. ὁ πατὴρ τῆς δόξης καὶ τὸ πνεῦμα τῆς ἀληθείας βλέπουσιν τὸν καρπόν τοῦ εὐαγγελίου.

형용사 제1·2변화

17 -ος, -η/α, -ον으로 끝나는 형용사 제1·2변화

		남성	여성	중성	
단수	주	ἀγαθός	ἀγαθή	ἀγαθόν	선한, 착한
	속	ἀγαθοῦ	ἀγαθῆς	ἀγαθοῦ	
	여	ἀγαθῷ	ἀγαθῇ	ἀγαθῷ	
	대	ἀγαθόν	ἀγαθήν	ἀγαθόν	
	호	ἀγαθέ	ἀγαθή	ἀγαθόν	
복수	주	ἀγαθοί	ἀγαθαί	ἀγαθά	
	속	ἀγαθῶν	ἀγαθῶν	ἀγαθῶν	
	여	ἀγαθοῖς	ἀγαθαῖς	ἀγαθοῖς	
	대	ἀγαθούς	ἀγαθάς	ἀγαθά	

- -ος 앞에 어간이 ε, ι, ρ가 오면 여성 단수 어미가 -α로 바뀐다.

단수	주	ἅγιος	ἁγία	ἅγιον	거룩한
	속	ἁγίου	ἁγίας	ἁγίου	
	여	ἁγίῳ	ἁγίᾳ	ἁγίῳ	
	대	ἅγιον	ἁγίαν	ἅγιον	
	호	ἁγίε	ἁγία	ἅγιον	
복수	주	ἅγιοι	ἅγιαι	ἅγια	
	속	ἁγίων	ἁγίων	ἁγίων	
	여	ἁγίοις	ἁγίαις	ἁγίοις	
	대	ἁγίους	ἁγίας	ἅγια	

18 -ους, -η/α, -ουν으로 끝나는 형용사 제1·2변화

단수	주	χρυσοῦς	χρυσῆ	χρυσοῦν	금의
	속	χρυσοῦ	χρυσῆς	χρυσοῦ	
	여	χρυσῷ	χρυσῇ	χρυσῷ	
	대	χρυσοῦν	χρυσῆν	χρυσοῦν	
복수	주	χρυσοῖ	χρυσαῖ	χρυσᾶ	
	속	χρυσῶν	χρυσῶν	χρυσῶν	
	여	χρυσοῖς	χρυσαῖς	χρυσοῖς	
	대	χρυσοῦς	χρυσᾶς	χρυσᾶ	

- -ους 앞에 ϵ, ι, ρ가 오면 여성 단수 어미가 -α로 바뀐다.

단수	주	ἀργυροῦς	ἀργυρᾶ	ἀργυροῦν	은의
	속	ἀργυροῦ	ἀργυρᾶς	ἀργυροῦ	
	여	ἀργυρῷ	ἀργυρᾷ	ἀργυρῷ	
	대	ἀργυροῦν	ἀργυρᾶν	ἀργυροῦν	
복수	주	ἀργυροῖ	ἀργυραῖ	ἀργυρᾶ	
	속	ἀργυρῶν	ἀργυρῶν	ἀργυρῶν	
	여	ἀργυροῖς	ἀργυραῖς	ἀργυροῖς	
	대	ἀργυροῦς	ἀργυρᾶς	ἀργυρᾶ	

19 형용사의 일반 용법

19-1 형용사의 성·수·격

- 형용사는 명사를 수식하거나 설명하는 구실을 한다.
- 형용사는 꾸며 주는 명사와 성·수·격이 일치해야 한다.

ὁ ἀγαθὸς ἀδελφός 그 착한 형제

τῆς ἀγαθῆς ἡμέρας 그 좋은 날의

19-2 형용사의 한정적 용법과 서술적 용법

형용사는 위치에 따라 두 가지 용법이 있다.

- **한정적 용법** 형용사에 관사가 붙는다.

ὁ ἀγαθὸς λόγος
ὁ λόγος ὁ ἀγαθός } 그 좋은 말씀

- **서술적 용법** 형용사에 관사가 붙지 않는다.

ὁ λόγος ἀγαθός
ἀγαθός ὁ λόγος } 그 말씀은 좋다.

19-3 형용사의 명사 용법

- 단독으로 쓰인 형용사는 명사 구실을 할 수 있다.
- 이 경우 대개는 관사와 함께 쓰이되, 남성과 여성은 남자와 여자를 가리키고 중성은 사물을 가리킨다.

ἡ πιστή 신심 깊은 여자

οἱ ἀγαθοί 좋은 사람들

τά ἀγαθά 선善, 재산

19-4 형용사의 부사 용법

중성 단·복수 대격의 형용사는 부사 구실을 한다.

이때 관사가 동반될 수 있다.

μόνον πίστευε· 믿기만 하여라(마르 5,36).

τὸ λοιπόν, ἀδελφοί μου, χαίρετε.

끝으로 형제들이여 기뻐하십시오(필리 3,1).

낱말

ἀγαπητός,-ή,-όν 사랑받는
ἕκαστος,-η,-ον 각자, 저마다
ἔσχατος,-η,-ον 마지막의
κακός,-ή,-όν 나쁜, 악한
καλός,-ή,-όν 좋은, 선한
λοιπός,-ή,-όν 남은, 나머지의
μέσος,-η,-ον 가운데의
μόνος,-η,-ον 유일한
ὅλος,-η,-ον 전체의, 온전한
πιστός,-ή,-όν 신실한
πρῶτος,-η,-ον 처음의
τρίτος,-η,-ον 세 번째의
τυφλός,-ή,-όν 장님의, 눈먼

δεξιός,-ά,-όν 오른쪽의
δεύτερος,-α,-ον 두 번째의
δίκαιος,-α,-ον 옳은, 의로운
ἕτερος,-α,-ον 다른
ἴδιος,-α,-ον 자신의, 같은
μακάριος,-α,-ον 행복한, 복받은
μικρός,-ά,-όν 작은
νεκρός,-ά,-όν 죽은
πονηρός,-ά,-όν 악한
πρεσβύτερος,-α,-ον 나이든

아래 형용사는 남성과 여성이 같다
αἰώνιος,-ον 영원한
ἁμαρτωλός,-όν 죄지은

익힘

1. γινώσκομεν τὸν ἅγιον θεὸν ἀγάπης καὶ εἰρήνης.
2. βλέπουσι τὸ σημεῖον τοῦ καιροῦ καὶ διδάσκουσι μαθηταῖς τοῦ προφήτου.
3. ἡ κεφαλὴ τῆς ἐκκλησίας λέγει τοῖς ἀνθρώποις τοῖς κακοῖς, οὐ δὲ ἀκούουσιν.
4. λέγει αὐτῷ ὁ Ἰησοῦς, Ἐγώ εἰμι ἡ ὁδὸς καὶ ἡ ἀλήθεια καὶ ἡ ζωή.[1]

1) 요한 14,6.

5. ὁ λαὸς ὁ ἅγιος καὶ ὁ ὄχλος ὁ ἀγαθὸς λαμβάνουσι τὴν καλὴν ὁδὸν Κυρίου.
6. οἱ ἄγγελοι οἱ μακάριοι βλέπουσι τὸν οὐρανὸν καὶ τὴν γῆν καὶ τὴν θάλασσαν.
7. πονηρὰ τὰ ἔργα τοῦ ἁμαρτωλοῦ καὶ τοῦ δαιμονίου.
8. οἱ πρεσβύτεροι ἀδελφοὶ τῶν ἀποστολῶν λαμβάνουσι τὸ δῶρον τὸ καλὸν τοῦ εὐαγγελίου τοῦ αἰωνίου.
9. ἀγαθὴ ἡ πρώτη καὶ πιστὴ ἡ δεύτερα, οὐ δὲ δίκαια ἡ τρίτη.
10. ἀγαθός καὶ ἅγιος ὁ κύριος τοῦ οὐρανοῦ.
11. οἱ ἁμαρτωλοί οὐκ ἔχουσιν τὴν ἀλήθειαν τοῦ θεοῦ.

제7과

전치사

전치사는 명사나 대명사 앞에 와서(pre-position) 그 (대)명사와 다른 단어 사이의 관계를 알려 준다.

20 정식 전치사와 비정식 전치사

전치사에는 정식 전치사와 비정식 전치사가 있다.

- **정식 전치사** 동사 앞에 붙어 합성동사(제11과 37-2 참조)를 이룰 수 있는 전치사

ἀνά + βαίνω → ἀναβαίνω … 위로 + 가다 → 올라가다

ἐκ + ἔρχομαι → ἐξέρχομαι …에서 밖으로 + 가다, 오다 → 나가다, 나오다

- **비정식 전치사** 합성동사를 만들 수 없는 전치사

ἅμα + 여격 …와 함께

ἄχρι + 속격 … 때까지

ἔναντι + 속격 … 앞에서

κύκλῳ + 속격 … 둘레에

χωρίς + 속격 … 없이

21 격 요구에 따른 전치사의 구분

그리스어 전치사는 대개 한 개의 격만 요구하지만 두 개 이상의 격을 요구하는 경우도 있다. 전치사 뒤에 오는 격에 따라 전치사의 뜻이 달라질 수 있다.

21-1 속격만을 요구하는 전치사

ἀντί … 대신

ἀπό …으로부터

ἐκ, ἐξ …에서 밖으로(ἐκ+자음, ἐξ+모음)

πρό … 앞에, … 전에

21-2 **여격만을 요구하는 전치사**

ἐν … 안에, … 가운데, …에 의해서(도구)

σύν …과 함께

21-3 **대격만을 요구하는 전치사**

ἀνά … 위로

εἰς … 안으로, 향하여

21-4 **속격이나 대격을 요구하는 전치사**

διά 속: …을 통하여, … 동안(시간), … 다음에(시간)

대: … 때문에

κατά 속: … 아래로

대: …에 따르면, …에 따라

μετά 속: …과 함께

대: … 다음에

περί 속: …에 관하여

대: …의 주변에, 대략(시간)

ὑπέρ 속: … 대신

대: … 위에, … 위로

21-5 **속격이나 여격, 또는 대격을 요구하는 전치사**

ἐπί 속: … 때에, … 동안에(시간), … 위에(장소)

여: … 위에(장소), …에 덧붙여, … 때문에(이유)

대: … 위로, …에게, … 동안에(시간)

παρά 속: … 곁에서부터

여: … 곁에, … 옆에

대: …을 넘어서, … 동안(시간)

πρός 속: …을 위하여

여: … 가까이, … 곁에

대: …에게, …을 향하여

ὑπό 속: …에 의해서(수동태), …로 말미암아
여: … 밑에(신약성경에는 나오지 않는다)
대: … 밑으로

22 모음으로 끝나는 전치사

- 모음으로 끝나는 전치사는 모음으로 시작하는 낱말 앞에서 마지막 모음이 사라지고 대신 아포스트로피 ʼ가 붙는다.
  δι᾽ ἐμοῦ 나 때문에
- ἀπό가 강숨표 있는 모음 앞에 올 때 ο 대신 ʼ가 붙고 π는 φ로 바뀐다.
  ἀφ᾽ ἑσπέρας 일몰 뒤에
- μετά가 강숨표 있는 모음 앞에 올 때 α 대신 ʼ가 붙고 τ는 θ로 바뀐다.
  μεθ᾽ ἡμῶν 우리와 함께

23 장소를 나타내는 전치사

전치사는 본디 장소를 나타내는 데 쓰였다. 속격 전치사는 어떤 곳에서 밖으로 나가는 것을, 여격 전치사는 어떤 곳에 머물러 있는 것을, 대격 전치사는 어떤 곳을 향하여 나아가는 것을 가리킨다. (도표 참조)

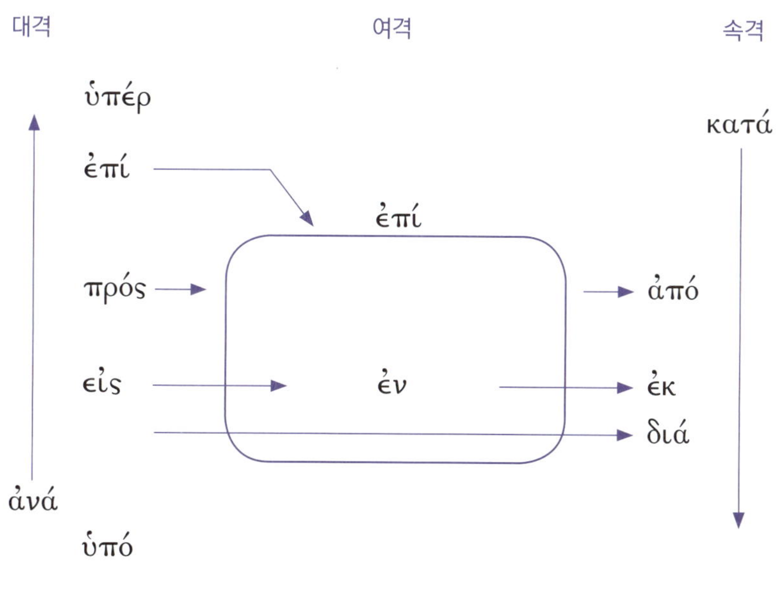

낱말

ἀποστέλλω 파견하다, 보내다
ἐγείρω 일어나다, 일으키다
κηρύσσω 선포하다
μένω 머무르다
ἐξουσία,-ας, ἡ 권위, 권한

익힘

1. δικαιοσύνην οὐ λαμβάνομεν διὰ νόμου, ἀλλα διὰ Ἰησοῦ Χριστοῦ.
2. αἱ γραφαὶ τῶν προφητῶν εἴσιν ἡ ὁδὸς τῆς ζωῆς πρὸς τοῦ λαοῦ θεοῦ.
3. μετὰ τῶν ἀδελφῶν κηρύσσουσι οἱ ἀπόστολοι τὴν βασιλείαν τῶν οὐρανῶν.
4. ὁ Ἰησοῦς ἐστιν ἐν τῇ θαλάσσῃ τῆς Γαλιλαίας.
5. κατὰ τὰς γραφάς ἐγείρει ὁ θεὸς τὸν Ἰησοῦν.
6. ἡ συναγωγή τῶν μαθητῶν ἀκούει σὺν τοῖς πρεσβυτέροις τὴν ἐντολήν τῆς ἀγάπης.
7. οὐκ ἔστιν μαθητὴς ὑπὲρ τὸν διδάσκαλον.[1)]
8. βλέπω τὸν Ἰησοῦν ἐπὶ τῆς θαλάσσης.
9. ὁ κύριος τοῦ οὐρανοῦ ἀποστέλλει τὸν ἄγγελον πρὸ τοῦ λαοῦ τῆς γῆς.
10. μένει ὁ Ἰησοῦς ἐν τῇ ἐκκλησία πρὸς τῆς σωτηρίας ἀνθρώπων.
11. διὰ τὴν ἀγάπην ἀπόστελλει ὁ θεὸς τὸν υἱὸν εἰς τὸν κόσμον.
12. ἄνθρωπός ἐστιν ὑπὸ ἐξουσίαν τῆς ἐκκλησίας.

1) 마태 10,24.

후접어와 전접어

24 후접어와 전접어

24-1 **후접어**Proclitic

ὁ, ἡ, οἱ, αἱ, εἰς, ἐν, ἐκ, ἐξ, ὡς, εἰ, οὐ, οὐκ, οὐχ처럼 악센트가 없는 한 음절짜리 낱말로 뒤따라오는 낱말에 붙여서 읽는 말을 후접어라고 한다.

24-2 **전접어**Enclitic

- μου, μοι, με, ἐστιν처럼 악센트가 없는 낱말로 앞에 나오는 낱말에 붙여서 읽는 말을 전접어라고 한다. 전접어는 악센트의 변화를 일으킨다.

- εἰμί 동사의 직설법 현재에서 εἶ 이외의 모든 형은 악센트 없는 전접어이지만 특수한 상황에서 악센트가 올 때에는 마지막 음절에 애큐트를 붙인다.

- 1·2인칭 대명사의 단수 속격, 여격, 대격에는 악센트가 붙는 강조형과 악센트 없는 전접어 두 형태가 있다.

  ἐμοῦ/μου, ἐμοί/μοι, ἐμέ/με, σοῦ/σου, σοί/σοι, σέ/σε

25 전접어의 악센트 규칙

25-1 **전접어는 앞의 낱말에 악센트 변화를 일으킨다.**

- 얼티마에 악센트가 온(ú, û) 낱말은 그 악센트를 그대로 유지한다.

  ὁ υἱός(υἱὸς로 바뀌지 않음) σου　　　γῆ μου

- 안티피널트에 애큐트(á)가 오거나 피널트에 써콤플렉스가 붙은(p̂) 낱말에는 얼티마에 애큐트가 또 온다.

  ὁ ἄγγελός σου　　　ὁ δοῦλός μου

- 전접어의 앞 낱말이 전접어이거나 후접어일 경우 그 낱말의 얼티마에 애큐트가 온다.
  ὁ ἄγγελος σού εἰσιν οἱ οὐρανοί.

25-2 전접어 자체에 악센트가 오는 경우

- 두 음절로 된 전접어의 앞 낱말이 피널트에 애큐트가 붙은 경우(ṕ) 그 전접어는 얼티마에 애큐트나 그레이브를 갖는다.
  μήτηρ ἐστίν.
  ὁ ἄρτος ἐστὶν ἅγιος.

- εἰμί의 현재 직설법 활용들은 문장 처음에 오거나 '…이 있다'로 쓰일 경우와 οὐ, μή, εἰ, καί, ὡς, ἀλλ'(ά), τοῦτ'(o)와 함께 쓰일 경우에 악센트를 갖는다.
  εἰσὶ γραφαί.
  οὐκ εἰμί.

  이 두 경우에 3인칭 단수 ἐστι(ν)은 피널트에 애큐트를 갖는다.
  ἔστιν υἱός.
  τοῦτ' ἔστιν.

25-3 종합

- 전접어 앞 낱말
  ú → ú
  á, p̂ → ú

- 앞 낱말도 전접어나 후접어 → ú

- 전접어 자체
  ṕ 다음의 두 음절 전접어 → ú, ù
  εἰμί의 현재 직설법 활용이 문장 처음에 오거나 '…이 있다'로 쓰일 때 → ṕ, ú

제9과

인칭대명사, 지시대명사, 상호대명사

26 인칭대명사

1인칭 대명사(나, 우리)

단수	주	ἐγώ
	속	ἐμοῦ, μου*
	여	ἐμοί, μοι*
	대	ἐμέ, με*
복수	주	ἡμεῖς
	속	ἡμῶν
	여	ἡμῖν
	대	ἡμᾶς

2인칭 대명사(너, 너희)

단수	주	σύ
	속	σοῦ, σου*
	여	σοί, σοι*
	대	σέ, σε*
복수	주	ὑμεῖς
	속	ὑμῶν
	여	ὑμῖν
	대	ὑμᾶς

*비강조형

3인칭 대명사(그, 그들)

		남성	여성	중성
단수	주	αὐτός	αὐτή	αὐτό
	속	αὐτοῦ	αὐτῆς	αὐτοῦ
	여	αὐτῷ	αὐτῇ	αὐτῷ
	대	αὐτόν	αὐτήν	αὐτό
복수	주	αὐτοί	αὐταί	αὐτά
	속	αὐτῶν	αὐτῶν	αὐτῶν
	여	αὐτοῖς	αὐταῖς	αὐτοῖς
	대	αὐτούς	αὐτάς	αὐτά

26-1 **성·수·격**

대명사는 선행사와 성·수가 일치해야 하나 격은 다를 수 있다.

θεὸς ἦν ὁ λόγος. οὗτος ἦν ἐν ἀρχῇ πρὸς τὸν θεόν. πάντα δι' αὐτοῦ ἐγένετο.

말씀이 하느님이셨다. 이분이 처음에 하느님을 향해 계셨다.

그분을 통해 모든 것이 생겨났다(요한 1,1-3).

26-2 **주격**

주격은 강조의 경우 말고는 사용하지 않는다. 동사에 이미 인칭이 들어 있기 때문이다.

ὑμεῖς ἐκ τοῦ θεοῦ ἐστε.

여러분은 하느님께 속합니다(1요한 4,4).

26-3 **속격**

- 소유를 나타내려면 인칭대명사의 속격을 사용하되 비강조형(μου, σου)을 써야 한다.

ὁ λόγος μου 내 말

26-4 **호격**

인칭대명사에는 호격이 없다.

26-5 **소유대명사적 형용사**

신약성경에서는 인칭대명사의 속격 대신 아래의 소유대명사적 형용사를 사용하는 경우가 많다(변화형은 제6과 17의 표 참조).

ἐμός, ἐμή, ἐμόν 나의

ἡμέτερος,-α,-ον 우리의

σός, σή, σόν 너의

ὑμέτερος,-α,-ον 너희의

26-6 **전치사와 함께**

전치사 다음에는 악센트를 지닌 강조형 인칭대명사를 쓴다.
그러나 πρός με는 흔히 사용된다.

οὐδεὶς ἔρχεται πρὸς τὸν πατέρα εἰ μὴ δι᾿ ἐμοῦ.

나를 통하지 않고서는 아무도 아버지께 갈 수 없다(요한 14,6).

26-7 **αὐτός의 특별 용법**

1. 서술적 위치

서술적 위치에서 명사와 함께 쓰일 때 αὐτός는 그 명사를 강조하는 구실을 한다.

αὐτὸς ὁ ἀπόστολος
ὁ ἀπόστολος αὐτός } 그 사도 자신이

2. 한정적 위치

한정적 위치에서 명사와 함께 쓰일 때 αὐτός는 '바로 그'라는 뜻이다.

ὁ αὐτὸς ἀπόστολος
ὁ ἀπόστολος ὁ αὐτός } 바로 그 사도가

3. 숨은 주어와 대명사의 강조

동사의 숨은 주어나 대명사에도 붙어서 그것들을 강조한다.

αὐτὸς ἐγὼ λέγω
αὐτὸς λέγω } 나 자신이 말한다

- αὐτός의 특별 용법은 신약성경에 자주 나오지만, 칠십인역에는 드물다.

27 지시대명사

27-1 οὗτος와 ἐκεῖνος

- 지시대명사에는 가까운 쪽을 가리키는 **οὗτος, αὕτη, τοῦτο**(이, 이것)와 먼 쪽을 가리키는 **ἐκεῖνος, ἐκείνη, ἐκεῖνο**(저, 저것)가 있다.

- 두 지시대명사의 변화 형태는 같다.

		남성	여성	중성
단수	주	οὗτος	αὕτη	τοῦτο
	속	τούτου	ταύτης	τούτου
	여	τούτῳ	ταύτῃ	τούτῳ
	대	τοῦτον	ταύτην	τοῦτο
복수	주	οὗτοι	αὗται	ταῦτα
	속	τούτων	τούτων	τούτων
	여	τούτοις	ταύταις	τούτοις
	대	τούτους	ταύτας	ταῦτα

단수	주	ἐκεῖνος	ἐκείνη	ἐκεῖνο
	속	ἐκείνου	ἐκείνης	ἐκείνου
	여	ἐκείνῳ	ἐκείνῃ	ἐκείνῳ
	대	ἐκεῖνον	ἐκείνην	ἐκεῖνο
복수	주	ἐκεῖνοι	ἐκεῖναι	ἐκεῖνα
	속	ἐκείνων	ἐκείνων	ἐκείνων
	여	ἐκείνοις	ἐκείναις	ἐκείνοις
	대	ἐκείνους	ἐκείνας	ἐκεῖνα

27-2 **서술적 위치**

οὗτος와 ἐκεῖνος가 명사와 함께 사용될 때에 그 명사에는 반드시 관사가 오고 그 지시대명사는 서술적 위치를 취한다.

οὗτος ὁ ἄρτος
ὁ ἄρτος οὗτος } 이 빵

ἐκεῖνος ὁ ἄρτος
ὁ ἄρτος ἐκεῖνος } 저 빵

28 상호대명사

- 상호대명사 ἀλλήλων은 형용사 ἄλλος를 중복하여 만든다.
- 신약성경에는 남성만 나온다. ἀλλήλων은 의미상 복수이고 상호적이기 때문에 주격이 없다.

  ἀλλήλων 서로의, ἀλλήλοις 서로에게, ἀλλήλους 서로를

καὶ τότε σκανδαλισθήσονται πολλοὶ καὶ ἀλλήλους παραδώσουσιν καὶ μισήσουσιν ἀλλήλους·

그러면 많은 사람이 떨어져 나가 서로 팔아넘기고 서로 미워할 것이다(마태 24,10).

29 형용사와 대명사의 한정·서술적 용법 총정리

- 형용사의 한정적 용법

  ὁ ἅγιος λαός
  ὁ λαὸς ὁ ἅγιος } 그 거룩한 백성

- 형용사의 서술적 용법

  ἅγιος ὁ λαός
  ὁ λαὸς ἅγιος } 그 백성은 거룩하다

- 지시대명사의 용법(서술적 위치)

  οὗτος ὁ λαός
  ὁ λαὸς οὗτος } 이 백성

  ἐκεῖνος ὁ λαός
  ὁ λαὸς ἐκεῖνος } 저 백성

- 3인칭 대명사의 한정적 용법

ὁ αὐτὸς λαός } 바로 그 백성이(확인)
ὁ λαὸς ὁ αὐτός

- 3인칭 대명사의 서술적 용법

αὐτὸς ὁ λαός } 그 백성 자체가(강조)
ὁ λαὸς αὐτός

- 3인칭 대명사의 소유적 용법

αὐτοῦ ὁ λαός } 그의 백성이
ὁ λαὸς αὐτοῦ

익힘

1. ὁ θεὸς ἀποστέλλει τοῦτον τὸν ἄγγελον εἰς τόν λαόν.
2. ἡμεῖς ἔχομεν τὸ δῶρον τὸ καλὸν τοῦ εὐαγγελίου, ὑμεῖς δὲ οὐκ ἔχετε.
3. οἱ υἱοὶ τοῦ δούλου ἐκείνου ἀγαπῶσι[1] τὸν κυρίον καὶ ἀλλήλους.
4. οὗτοι οἱ ἄνθρωποι βλέπουσι τὸν οὐρανὸν ἐν τῇ ὥρᾳ ἐκείνῃ καὶ ἀκούουσιν τῆς φωνῆς τοῦ κυρίου.
5. ὑμεῖς γινώσκετε τὴν εἰρήνην αὐτὴν τοῦ θεοῦ καὶ διδάσκετε τῷ ὄχλῳ τούτους τοὺς λόγους.

---

1) ἀγαπάω (사랑하다) 직설법 현재 능동태 3인칭 복수. 제15과 단축동사 참조.

제10과

λύω의 직설법 능동태·중간태·수동태 개요

30 λύω(풀다)의 직설법 능동태

		현재 체계	과거 체계	완료 체계
제1시상		현재	미래	현재완료
단수	1	λύω	λύσω	λέλυκα
	2	λύεις	λύσεις	λέλυκας
	3	λύει	λύσει	λέλυκε(ν)
복수	1	λύομεν	λύσομεν	λελύκαμεν
	2	λύετε	λύσετε	λελύκατε
	3	λύουσι(ν)	λύσουσι(ν)	λελύκασι(ν)

제2시상		미완료	단순과거	과거완료(신약성경 형태 ← 고전 그리스어 형태)
단수	1	ἔλυον	ἔλυσα	(ἐ)λελύκειν ← ἐλελύκη
	2	ἔλυες	ἔλυσας	(ἐ)λελύκεις ← ἐλελύκης
	3	ἔλυε(ν)	ἔλυσε(ν)	(ἐ)λελύκει ← ἐλελύκει
복수	1	ἐλύομεν	ἐλύσαμεν	(ἐ)λελύκειμεν ← ἐλελύκεμεν
	2	ἐλύετε	ἐλύσατε	(ἐ)λελύκειτε ← ἐλελύκετε
	3	ἔλυον	ἔλυσαν	(ἐ)λελύκεισαν ← ἐλελύκεσαν

31 λύω의 직설법 중간태·수동태

(제1시상)		현재체계	과거체계		완료 체계
		현재 중간·수동태	미래 중간태	미래 수동태	현재완료 중간·수동태
단수	1	λύομαι	λύσομαι	λυθήσομαι	λέλυμαι
	2	λύῃ	λύσῃ	λυθήσῃ	λέλυσαι
	3	λύεται	λύσεται	λυθήσεται	λέλυται
복수	1	λυόμεθα	λυσόμεθα	λυθησόμεθα	λελύμεθα
	2	λύεσθε	λύσεσθε	λυθήσεσθε	λέλυσθε
	3	λύονται	λύσονται	λυθήσονται	λέλυνται

(제2시상)		미완료 중간·수동태	단순과거 중간태	단순과거 수동태	과거완료 중간·수동태
단수	1	ἐλυόμην	ἐλυσάμην	ἐλύθην	ἐλελύμην
	2	ἐλύου	ἐλύσω	ἐλύθης	ἐλέλυσο
	3	ἐλύετο	ἐλύσατο	ἐλύθη	ἐλέλυτο
복수	1	ἐλυόμεθα	ἐλυσάμεθα	ἐλύθημεν	ἐλελύμεθα
	2	ἐλύεσθε	ἐλύσασθε	ἐλύθητε	ἐλέλυσθε
	3	ἐλύοντο	ἐλύσαντο	ἐλύθησαν	ἐλέλυντο

현재체계(현재와 미완료), 완료체계(현재완료와 과거완료)는 중간태와 수동태의 형태가 같다. 과거체계(미래와 단순과거)는 중간태와 수동태의 형태가 다르다. 체계에 대해서는 제3과 08을 참조하라.

32 직설법 제2시상의 접두모음

직설법 제2시상(미완료, 단순과거, 과거완료)에는 접두모음 ϵ나 η가 붙는다. 제1·2 시상에 대해서는 제3과 08을 참조하라.

32-1 일반동사

- 자음으로 시작하는 동사

  동사 어간 앞에 접두모음 ϵ를 붙인다.

  ἔλυον, ἔλυσα, (ἐ)λελύκειν/ἐλελύκη

- 모음으로 시작하는 동사

  접두모음과 동사 어간의 첫 모음이 합해져 장모음이 된다.

ϵ + α, ϵ → η	ἀκούω → ἤκουσα
	ἔρχομαι → ἠρχόμην
ϵ + αι → ῃ	αἰτέω → ᾔτησα(요청하다)
ϵ + αυ, ϵυ → ηυ	αὐγάζω → ηὔγασα(보다)
	εὑρίσκω → ηὕρισκον(찾다)[1]
ϵ + ο → ω	ὀφείλω → ὤφειλον(해야 하다)
ϵ + οι → ῳ	οἰκοδομεω → ᾠκοδόμησα(집짓다)

32-2 합성동사

합성동사(제11과 37-2 참조)의 접두모음은 전치사와 동사 사이에 붙인다.

- 자음으로 끝나는 전치사가 자음으로 시작하는 동사 앞에 오면 접두모음 ϵ를 붙인다.

  ἐνδύω → ἐνέδυον(입다)

  ἐκβάλλω → ἐξέβαλον(쫓아내다)

1) 신약성경에서는 그냥 ϵυ-로 쓰는 경우도 많다(예: 루카 19,48).

- 모음으로 끝나는 전치사가 자음으로 시작하는 동사 앞에 오면 전치사의 끝 모음을 떼어내고 접두모음 ϵ를 붙인다.
  ἐπιβάλλω → ἐπέβαλον(던지다)

- 모음으로 끝나는 전치사가 모음으로 시작하는 동사 앞에 오면 전치사의 끝 모음을 떼어내고 동사의 시작 모음을 길게 한다.
  ἀπάγω(ἀπό + ἄγω) → ἀπῆγον(가져가다)

- 합성동사의 악센트는 접두모음을 넘어갈 수 없다.
  ἄπηγον → ἀπῆγον

33 과거체계와 완료체계의 시상어간

33-1 과거체계

- 과거체계(미래와 단순과거)의 경우 시상어간에 -σ-가 나타난다.
  그러나 수동태의 경우 미래 시상어간에는 -θησ-가, 단순과거 시상어간에는 -θη-가 나타난다.
  미래와 단순과거 시상어간에 -σ-, -θησ-, -θη-가 나타나지 않는 형태를 각각 제2미래, 제2단순과거라 한다(불규칙).

- 과거체계에서 미래와 단순과거를 연계하는 것은 두 가지 이유에서다. 첫째, 둘 다 동작의 계속이나 완결과 같은 특정 뉘앙스가 없다. 둘째, 둘 다 시상어간에 σ를 포함한다.

- 어간이 자음으로 끝나는 동사는 과거체계(미래와 단순과거)에서 다양한 변화를 보인다.
  π, β, φ + σ = ψ   βλέπσω → βλέψω
  κ, γ, χ + σ = ξ   ἄγσω → ἄξω
  τ, δ, θ + σ = σ   πείθσω → πείσω

33-2 완료체계

- 완료체계(현재완료와 과거완료)에는 능동태, 중간태, 수동태 모두에서 첫 자음 중복이 일어난다.
- 완료체계 능동태는 시상어간에 -κ-가 나타난다. 시상어간에 -κ-가 나타나지 않는 현재완료와 과거완료 능동태는 각각 제2현재완료, 제2과거완료라 불린다.
- 완료체계 수동태·중간태는 대개 규칙 변화한다.

34 동사의 구조

	1인칭 복수	접두어	어간			간모음	어미
			동사 어간	시상접미어 (태)	시상접미어 (시상)		
현재체계	λύω 현재 능동태		λύ			ο	μεν
	λύω 미완료 중간태·수동태	ἐ	λυ			ό	μεθα
	λύω 미래 능동태		λύ		σ	ο	μεν
	λύω 미래 수동태		λυ	θη	σ	ό	μεθα
과거체계	λύω 단순과거 능동태	ἐ	λύ		σα		μεν
	λύω 단순과거 수동태	ἐ	λύ	θη			μεν
	λείπω 제2단순과거 능동태	ἐ	λίπ			ο	μεν
	χαίρω 제2단순과거 수동태	ἐ	χάρ	η			μεν
완료체계	λύω 현재완료 능동태		λελύ*		κα		μεν
	γίνομαι 제2현재완료 능동태		γεγόν*		α		μεν
	λύω 과거완료 능동태	ἐ	λελύ*		κει		μεν
	λύω 과거완료 중간태·수동태	ἐ	λελύ*				μεθα

*자음중복

35 동사의 여섯 가지 기본형

- 그리스어 동사는 여섯 가지 기본형(6 Principal Parts)만 알면 모든 법, 시상, 태의 변화를 예측할 수 있다. 여섯 가지 기본형은 직설법 1인칭 단수의 현재 능동태, 미래 능동태, 단수과거 능동태, 현재완료 능동태, 현재완료 중간태·수동태, 단순과거 수동태의 순으로 배열된다.

현재 능동			미래 능동	단과 능동	현완 능동	현완 중간·수동	단과 수동
λύω			λύσω	ἔλυσα	λέλυκα	λέλυμαι	ἐλύθην
↓			↓	↓	↓	↓	↓
현재 중간·수동	미완료 능동	미완료 중간·수동	미래 중간	단과 중간	과완 능동	과완 중간·수동	미래 수동
λύομαι	ἔλυον	ἐλυόμην	λύσομαι	ἐλυσάμην	ἐλελύκειν	ἐλελύμην	λυθήσομαι

1. 첫째 기본형은 현재 능동태 1인칭 단수다. 현재 어간으로 현재와 미완료의 능동태, 중간태, 수동태가 만들어진다.
2. 둘째 기본형은 미래 능동태 1인칭 단수다. 미래 어간으로 미래 능동태와 중간태가 만들어진다.
3. 셋째 기본형은 단순과거 능동태 1인칭 단수다. 단순과거 어간으로 단순과거 능동태와 중간태가 만들어진다.
4. 넷째 기본형은 현재완료 능동태 1인칭 단수다. 현재완료 능동태 어간으로 현재완료 능동태, 과거완료 능동태가 만들어진다.
5. 다섯째 기본형은 현재완료 중간태·수동태 1인칭 단수다. 현재완료 중간태·수동태 어간으로 현재완료 중간태·수동태, 과거완료 중간태·수동태가 만들어진다.
6. 여섯째 기본형은 단순과거 수동태 1인칭 단수다. 단순과거 수동태 어간으로 단순과거 수동태와 미래 수동태가 만들어진다.

- 부록의 '동사의 여섯 가지 기본형'을 참조하라.

λύω의 직설법 현재 중간태·수동태, 이태동사와 합성동사

36 λύω의 직설법 현재 중간태·수동태

	단수	복수
1인칭	λύομαι	λυόμεθα
2인칭	λύῃ	λύεσθε
3인칭	λύεται	λύονται

36-1 현재와 미래의 중간태와 수동태의 단수 어미

본디 현재 중간태·수동태와 미래 중간태와 수동태의 단수 어미는 현재완료 중간태·수동태처럼 -μαι, -σαι, -ται였으나 2인칭에서 σ가 떨어지고 단축되어 각각 λύῃ, λύσῃ, λυθήσῃ가 되었다. 그런데 -μι 동사 현재의 중간태·수동태에서는 단수 2인칭 어미 -σαι가 다시 나타난다. 이에 대해서는 나중에 다시 다룬다(제27과 75-4참조).

36-2 중간태 본디 의미

- 그리스어의 중간태는 주어가 동작의 결과에 참여하는 동사 형태를 말한다. 동사의 주어에 '자신을 위하여' 또는 '자신을 향하여'라는 의미를 부여하면 중간태가 된다.

οὐ γὰρ νίπτονται τὰς χεῖρας αὐτῶν ὅταν ἄρτον ἐσθίωσιν.

그들은 음식을 먹을 때에 손을 씻지 않습니다(마태 15,2).

- 그러나 능동태와 중간태의 구별이 언제나 분명하게 드러나지도 않고 어떤 경우는 그 둘이 전혀 다른 뜻을 지니기도 한다.

ἄρχω 내가 지배한다 ἄρχομαι 내가 시작한다

36-3 수동태

직설법 중간태와 수동태의 활용은 미래와 단순과거를 제외하고 동일하다. 제10과 31의 어형변화표 참조.

- 능동태의 주어는 수동태에서 여격이나 ὑπό + 속격이 된다.

ὁ προφήτης διδάσκει τούς μαθητάς.

그 예언자가 그 제자들을 가르친다.

οἱ μαθηταί διδάσκονται τῷ προφήτῃ.

그 제자들은 예언자에게 가르침을 받는다.

οἱ μαθηταί διδάσκονται ὑπό τοῦ προφήτου.

그 제자들은 예언자로부터 가르침을 받는다.

37 이태동사와 합성동사, 속격·여격을 직접 목적어로 취하는 동사

37-1 이태동사

이태동사는 태는 중간태나 수동태이면서 뜻은 능동인 동사를 말한다.

πάλιν ἀφίημι τὸν κόσμον καὶ πορεύομαι πρὸς τὸν πατέρα.

다시 세상을 떠나 아버지께 간다(요한 16,28).

ἄρχομαι(내가 시작한다)도 이태동사로 볼 수 있다.

Ἀρχόμεθα πάλιν ἑαυτοὺς συνιστάνειν;

우리가 또 우리 자신을 내세우기 시작한단 말입니까?(2코린 3,1)

미래 시상에서만 중간태를 취하는 이태동사도 있다.

βαίνω, βήσομαι(미래)

37-2 **합성동사**

합성동사는 동사 앞에 정식 전치사를 붙여서 만든 동사다.
이 경우 합성동사에는 보통으로 전치사의 뜻이 반영되지만, 때로는 전치사의 뜻과 전혀 상관없는 의미가 되는 수도 있다.

εἰσέρχομαι 들어가다
ἀποκρίνομαι 대답하다

37-3 **속격이나 여격을 직접 목적어로 취하는 동사**

일부 동사들은 직접 목적어로서 대격 대신 속격이나 여격을 취할 수 있다.
ἀκούω는 대격뿐 아니라 속격을 취하기도 한다. 이 경우 영어에서 listen to(귀 기울이다, 경청하다)의 뜻이다.

ἀκούω τῆς φωνῆς τοῦ οὐρανοῦ.
나는 하늘의 음성에 귀를 기울인다.

낱말

일반동사

ἄγω 인도하다
ἀκούω 듣다(대격 지배), 귀기울이다(속격 지배)
ἄρχω 지배하다(속격 지배)
  ἄρχω τῆς βασιλείας. 나는 나라를 지배한다.
βαίνω 가다, 걷다(미래 βήσομαι)
βαπτίζω 세례 주다
κρίνω 심판하다
πέμπω 보내다
πιστεύω 믿다(εἰς/ἐπί + 대격, ἐν + 여격, 또는 단순 여격)
  πιστεύω εἰς τὸν κύριον. 나는 주님을 믿는다.
σώζω 또는 σῴζω 구원하다.

φέρω 가져오다, 짊어지다, 운반하다

이태동사

ἀποκρίνομαι 대답하다(보통 여격 지배)

ἀπέρχομαι 떠나다

ἄρχομαι 시작하다

γίνομαι 되다

δέχομαι 받다

διέρχομαι 지나가다, 통과하다

εἰσέρχομαι 들어가다

ἐξέρχομαι 나가다

ἔρχομαι 가다, 오다

πορεύομαι 가다

익힘

1. οἱ ἀγαθοὶ μαθηταὶ ἐκεῖνοι ἀποκρίνονται τοὶς προφήταις.
2. ἄρχεσθε τὰ ἔργα τὰ καλὰ ἐν ταῖς καρδίαις ὑμῶν.
3. οἱ νεανίαι βαπτίζονται ὑπὸ τοῦ βαπτιστοῦ ἐν Γαλιλαίᾳ.
4. μετὰ τὰς ἡμέρας ταύτας ὁ ὅλος λαός εἰσέρχεται πρὸς τὴν βασιλείαν τῶν οὐρανῶν.
5. οἱ υἱοὶ οἱ ἀγαθοὶ τῶν δούλων ἄγονται ὑπ' ἀποστόλου εἰς τὸ ἱερόν.
6. ἄνθρωπος οὐ γίνεται δίκαιος ἐξ ἔργων ἀλλ' ἐκ δώρου εὐαγγελίου.
7. αἱ πισταί καὶ οἱ ἅγιοι σώζονται τοὶς λόγοις τῆς ζωῆς.
8. πιστεύομεν εἰς τὸν κύριον καὶ διερχόμεθα διὰ τῆς ἐρήμου.
9. ὁ θέος ἄρχει τοῦ οὐρανοῦ καὶ τῆς γῆς, καὶ τῶν ἀνθρώπων ἐν αὐτῇ.

10. ἐγὼ ἀκούω τῆς φωνῆς τοῦ κυρίου, σὺ δὲ οὐ διδάσκῃ ὑπ' αὐτοῦ.
11. οἱ δοῦλοι δέχονται τὸν ἄρτον ἀπὸ τοῦ κυρίου.

다음 우리말을 그리스어 문장으로 바꾸시오.

1. 악한 천사들이 죄인들과 함께 하느님께 심판을 받는다.
2. 행복한 젊은이들이 비유의 말씀을 듣고 하느님 집에서 나간다.
3. 예수님이 사막에 머무시는데, 군중이 그분에게 온다.
4. 안식일이 예수님 때문에 거룩하게 된다.
5. 제자들이 예언자들에 의해서 두 번째 나라에 파견된다.

λύω의 직설법 미완료 능동태·중간태·수동태, λύω의 부정사 능동태·중간태·수동태

38 λύω의 직설법 미완료 능동태·중간태·수동태

(제2시상)		능동태	중간태·수동태
단수	1	ἔλυον	ἐλυόμην
	2	ἔλυες	ἐλύου*
	3	ἔλυε(ν)	ἐλύετο
복수	1	ἐλύομεν	ἐλυόμεθα
	2	ἐλύετε	ἐλύεσθε
	3	ἔλυον	ἐλύοντο

* 직설법 미완료의 중간태·수동태 단수 2인칭 어미는 -εσο인데 σ가 탈락하고 ε와 ο가 단축되어 ου가 된다.

제2시상 현재 체계인 미완료(제3과 08 참조)는 과거 동작이 끝나지 않고 현재까지 지속되는 상태를 말한다. 우리말로는 '…하고 있었다'로 옮길 수 있다.

ἦν δὲ καὶ ὁ Ἰωάννης βαπτίζων ἐν Αἰνὼν ἐγγὺς τοῦ Σαλείμ, ὅτι ὕδατα πολλὰ ἦν ἐκεῖ, καὶ παρεγίνοντο καὶ ἐβαπτίζοντο·

요한도 살림에 가까운 애논에 물이 많아, 거기에서 세례를 주고 있었다. 그리하여 사람들이 가서 세례를 받았다(요한 3,23).

οὗτος ἦν κατηχημένος τὴν ὁδὸν τοῦ κυρίου καὶ ζέων τῷ πνεύματι ἐλάλει καὶ ἐδίδασκεν ἀκριβῶς τὰ περὶ τοῦ Ἰησοῦ, ἐπιστάμενος μόνον τὸ βάπτισμα Ἰωάννου·

이미 주님의 길을 배워 알고 있던 그는 예수님에 관한 일들을 열정을 가지고 이야기하며 정확히 가르쳤다. 그러나 요한의 세례만 알고 있었다(사도 18,25).

39 λύω의 부정사 능동태·중간태·수동태

39-1 부정사의 형태

- 부정사는 명사처럼 사용하는 동사 형태로 시상과 태를 갖춘다.
- 신약성경에는 현재·미래·단순과거·현재완료 부정사가 발견된다.

	능동태	중간태	수동태
현재	λύειν	λύεσθαι	
미래	λύσειν	λύσεσθαι	λυθήσεσθαι
단순과거	λῦσαι	λύσασθαι	λυθῆναι
현재완료	λελυκέναι	λελύσθαι	

39-2 부정사의 의미

- 우리말로는 '…하는 것', '… 하기' 등으로 옮길 수 있다.

οἱ δὲ μαθηταὶ αὐτοῦ ἐπείνασαν καὶ ἤρξαντο τίλλειν στάχυας καὶ ἐσθίειν.

그런데 그분의 제자들이 배가 고파서, 밀 이삭을 뜯어 먹기 시작하였다(마태 12,1).

- 부정사는 능력·적합·필요·명령·권고·허락·희망·요청·약속 등의 의미를 지닌 동사들과 함께 쓰인다.

Ἐβουλόμην καὶ αὐτὸς τοῦ ἀνθρώπου ἀκοῦσαι.

나도 그 사람의 말을 들어 보고 싶습니다(사도 25,22).

ἤρξατο ὁ Ἰησοῦς δεικνύειν τοῖς μαθηταῖς αὐτοῦ ὅτι δεῖ αὐτὸν εἰς Ἱεροσόλυμα ἀπελθεῖν καὶ πολλὰ παθεῖν ἀπὸ τῶν πρεσβυτέρων καὶ ἀρχιερέων καὶ γραμματέων καὶ ἀποκτανθῆναι καὶ τῇ τρίτῃ ἡμέρᾳ ἐγερθῆναι.

예수님께서는 당신이 반드시 예루살렘에 가시어 원로들과 수석 사제들과 율법 학자들에게 많은 고난을 받고 죽임을 당하셨다가 사흗날에 되살아나셔야 한다는 것을 제자들에게 밝히기 시작하셨다(마태 16,21).

Ἔξελθε … καὶ ἀνάγκασον εἰσελθεῖν, ἵνα γεμισθῇ μου ὁ οἶκος·

나가서 어떻게 해서라도 사람들을 들어오게 하여, 내 집이 가득 차게 하여라(루카 14,23).

ὅσοι θέλουσιν εὐπροσωπῆσαι ἐν σαρκί, οὗτοι ἀναγκάζουσιν ὑμᾶς περιτέμνεσθαι.

겉으로만 좋게 보이려고 하는 자들, 그자들이 여러분에게 할례 받으라고 강요하고 있습니다(갈라 6,12).

Πῶς δύναται οὗτος ἡμῖν δοῦναι τὴν σάρκα αὐτοῦ φαγεῖν;

저 사람이 어떻게 자기 살을 우리에게 먹으라고 줄 수 있단 말인가?(요한 6,52)

- 부정사는 동사이므로 부사와 주어와 객어를 동반할 수 있다.
  부정사의 의미상 주어는 대격이 쓰인다.

Ὑμῖν ἦν ἀναγκαῖον πρῶτον λαληθῆναι τὸν λόγον τοῦ θεοῦ·

우리는 하느님의 말씀을 먼저 여러분에게 전해야만 했습니다(사도 13,46).

ἀνάγκη γὰρ ἐλθεῖν τὰ σκάνδαλα.

사실 남을 죄짓게 하는 일은 일어나기 마련이다(마태 18,7).

Ἀνάγκη οὖν τὰ μὲν ὑποδείγματα τῶν ἐν τοῖς οὐρανοῖς τούτοις καθαρίζεσθαι.

그러므로 하늘에 있는 것들을 본뜬 모상들은 이러한 의식으로 깨끗하게 할 필요가 있었습니다(히브 9,23).

낱말

현재	미완료	뜻
αἴρω	ἦρον	들어높이다
ἀποθνῄσκω	ἀπέθνῃσκον	죽다
ἀποκτείνω	ἀπέκτεινον	죽이다
δεῖ[1]		(비인칭동사)…해야 한다
ἐγείρω	ἤγειρον	일으키다
εὑρίσκω	η(ε)ὕρισκον	찾다
ἔχω	εἶχον[2]	가지다
θέλω[3]	ἤθελον, ἔθελον[4]	원하다
καταβαίνω[5]	κατέβαινον	내려가다
μέλλω	ἤμελλον, ἔμελλον	…하려 하다
ὀφείλω	ὤφειλον	…해야 하다
συνάγω	συνῆγον	모으다

익힘

1. ὁ προφήτης ἦγεν[6] τὸν ὄχλον εἰς τὴν ἔρημον.
2. ἡ δόξα κυρίου ἀπέρχεται ἀπὸ τοῦ τόπου, ὅτι οἱ κακοὶ ἀπέκτεινον τὸν ἀπόστολον.
3. αἱ ἀγαθαὶ συνῆγον ἄρτους εἰς τὸν οἶκον.
4. ὁ ἄγγελος ἐδίδασκε τὴν ὁδὸν τῆς ζωῆς τοῖς πονηροῖς, οὐ δὲ ἤκουον.

---

1) 대격과 부정사를 취한다.
2) ἔχω의 미완료형은 불규칙 접두모음을 갖는다(εἶχον).
3) θέλω, μέλλω의 미완료형은 접두모음 형태가 둘이다.
4) ἔθελον은 성경에는 안 나온다.
5) -βαίνω는 합성동사 형태로만 발견된다.
6) ἄγω의 미완료형은 접두모음이 붙어 η로 시작한다(제10과 32-1 참조).

5. τὸ δαιμόνιον ἔμελλεν ἀποκτείνειν τὸν δοῦλον, ὁ δὲ κύριος αὐτοῦ ἤθελε σώζειν αὐτόν.
6. καλὸν μοί ἐστιν πιστεύειν εἰς τὸν κυρίον.
7. δεῖ λέγειν με τοῦτο.
8. ὁ Ἰησοῦς ὤφειλεν ἀποκτείνεσθαι πρὸς ἡμῶν.
9. αἱ πισταὶ ηὕρισκον τὸν Ἰησοῦν, ἀλλ᾽ οὐκ ἐστιν ἐν γῇ, ὁτὶ ὁ θεός ἤγειρεν[7] αὐτόν.
10. συνῆγον οἱ δοῦλοι ἄρτους καὶ κατέβαινον εἰς τὴν οἰκίαν τοῦ κυρίου.

7) ἐγείρω의 단순과거 3인칭 단수.

λύω의 직설법 미래 능동태·중간태·수동태

40 λύω의 직설법 미래 능동태·중간태·수동태

		능동태	중간태	수동태
단수	1	λύσω	λύσομαι	λυθήσομαι
	2	λύσεις	λύσῃ	λυθήσῃ
	3	λύσει	λύσεται	λυθήσεται
복수	1	λύσομεν	λυσόμεθα	λυθησόμεθα
	2	λύσετε	λύσεσθε	λυθήσεσθε
	3	λύσουσι(ν)	λύσονται	λυθήσονται

40-1 직설법 미래 능동태

λύω의 직설법 미래 능동태는 현재 능동태의 λυ와 ω 사이에 σ를 끼워 넣어 활용한다.

πολλοὶ ἐλεύσονται ἐπὶ τῷ ὀνόματί μου λέγοντες ὅτι Ἐγώ εἰμι, καὶ πολλοὺς πλανήσουσιν.

많은 사람이 내 이름으로 와서 "나다." 하면서 많은 이를 속일 것이다(마르 13,6).

40-2 직설법 미래 중간태

λύω의 직설법 미래 중간태는 현재 중간태·수동태의 λυ와 ομαι 사이에 σ를 끼워 넣어 활용한다.

οἱ μὲν ἐχλεύαζον, οἱ δὲ εἶπαν, Ἀκουσόμεθά σου περὶ τούτου καὶ πάλιν.

어떤 이들은 비웃고 어떤 이들은 "그 점에 관해서는 다음에 다시 듣겠소." 하고 말하였다(사도 17,32).

40-3 직설법 미래 수동태

λύω의 직설법 미래 수동태는 현재 중간태·수동태의 λυ와 ομαι 사이에 θησ를 끼워 넣어 활용한다.

ὁ ἥλιος σκοτισθήσεται.

해는 어두워질 것이다(마르 13,24).

41 어간이 폐쇄음으로 끝나는 동사의 미래 능동태와 중간태

폐쇄음(묵음)은 일단 숨이 멈추었다가 나오는 소리다.
어간의 끝이 순음(입술소리: π, β, φ)이면 σ와 합해져 ψ가 된다.
어간의 끝이 구개음(입천장소리: κ, γ, χ)이면 σ와 합해져 ξ가 된다.
어간의 끝이 치음(잇소리: τ, δ, θ)이면 보통 치음은 탈락하고 σ만 남는다.

ὁ δὲ παράκλητος, τὸ πνεῦμα τὸ ἅγιον, ὃ πέμψει ὁ πατὴρ ἐν τῷ ὀνόματί μου, ἐκεῖνος ὑμᾶς διδάξει πάντα καὶ ὑπομνήσει ὑμᾶς πάντα ἃ εἶπον ὑμῖν ἐγώ.

보호자, 곧 아버지께서 내 이름으로 보내실 성령께서 너희에게 모든 것을 가르치시고 내가 너희에게 말한 모든 것을 기억하게 해 주실 것이다(요한 14,26).

41-1 이 규칙에 따르는 동사들

ἄγω	ἄξω	인도하다
ἄρχομαι	ἄρξομαι	시작하다
βλέπω	βλέψω	보다
γράφω	γράψω	쓰다
πέμπω	πέμψω	보내다

42 불규칙 미래 동사

γίνομαι	γενήσομαι	되다
γινώσκω	γνώσομαι	알다
ἔρχομαι	ἐλεύσομαι	가다
ἐσθίω	φάγομαι	먹다
εὑρίσκω	εὑρήσω	찾다
ἔχω	ἕξω	가지다
κηρύσσω	κηρύξω	선포하다 (현재는 본디 κηρύκω였다)
λαμβάνω	λήμψομαι	취하다
φέρω	οἴσω	가져오다

익힘

1. βλεψόμεν τὸ σημεῖον τοῦ οὐρανοῦ καὶ εὑρησόμεν τὴν ὁδόν τῆς εἰρήνης.
2. οἱ υἱοὶ τοῦ προφήτου κηρύξουσιν τὸ εὐαγγέλιον τῆς ζωῆς.
3. οἱ νεανίαι εἰσελεύσονται εἰς τὴν οἰκίαν καὶ οἴσουσιν τοὺς ἄρτους.
4. ὁ λόγος τοῦ ἀπόστολου ἐκείνου γενήσεται τὸ δῶρον τοῦ οὐρανοῦ τῷ ὄχλῳ.
5. ἐν τῇ γραφῇ ἀκούσετε τὴν φωνὴν τοῦ κυρίου καὶ γνώσεσθε τὴν ἀλήθειαν.

εἰμί의 직설법 현재·미완료·미래 능동태

43 εἰμί의 직설법 현재·미완료·미래 능동태

		현재	미완료	미래
단수	1	εἰμί	ἤμην	ἔσομαι
	2	εἶ	ἦς / ἦσθα	ἔσῃ / ἔσει
	3	ἐστί(ν)	ἦν	ἔσται *ἔσεται가 아님
복수	1	ἐσμέν	ἦμεν / ἤμεθα	ἐσόμεθα
	2	ἐστέ	ἦτε	ἔσεσθε
	3	εἰσί(ν)	ἦσαν	ἔσονται

43-1 εἰμί 직설법 시상과 태

εἰμί(…이다, 있다)는 직설법에서 현재·미완료·미래 시상과 능동태만 있다.

Ἐγώ εἰμι ἡ ἄμπελος ἡ ἀληθινὴ καὶ ὁ πατήρ μου ὁ γεωργός ἐστιν.

나는 참포도나무요 나의 아버지는 농부이시다(요한 15,1).

43-2 εἰμί의 미래

εἰμί의 미래는 이태동사처럼 중간태의 형태를 취한다.

καὶ οὕτως πάντοτε σὺν κυρίῳ ἐσόμεθα.

이렇게 하여 우리는 늘 주님과 함께 있을 것입니다(1테살 4,17).

44 등위접속사 καί와 οὐδέ, τέ와 οὔτε, μέν ... δέ 용법

44-1 등위접속사와 종속접속사

접속사에는 등위접속사와 종속접속사가 있다. 등위접속사는 대등한 관계에 있는 낱말과 낱말, 구와 구, 절과 절, 문장과 문장을 연결할 때 쓰고, 종속접속사는 종속 관계를 연결할 때 쓴다(제35과 100 참조).

- 등위접속사 καί가 낱말과 낱말을 연결할 때: …와, …과

οἱ Φαρισαῖοι καὶ Σαδδουκαῖοι

바리사이들과 사두가이들(마태 16,1)

- 등위접속사 καί가 문장과 문장을 연결할 때: 그리고

οὗ τὸ πτύον ἐν τῇ χειρὶ αὐτοῦ καὶ διακαθαριεῖ
τὴν ἅλωνα αὐτοῦ καὶ συνάξει τὸν σῖτον αὐτοῦ εἰς τὴν
ἀποθήκην, ...

또 손에 키를 드시고 당신의 타작마당을 깨끗이 하시어, 알곡은 곳간에 모아들이시고…(마태 3,12).

44-2 καί와 οὐδέ의 특별 용법

- καί는 수식하는 낱말 앞에서 '…도 역시, …까지도'의 뜻으로 쓰인다.

καὶ ἡμεῖς 우리도 역시

Ὑπάγετε καὶ ὑμεῖς εἰς τὸν ἀμπελῶνα.

당신들도 포도밭으로 가시오(마태 20,4).

- οὐδέ는 이와 정반대로 '…도 아니, …까지도 아니'의 뜻이다.

ἐὰν δὲ μὴ ἀφῆτε τοῖς ἀνθρώποις, οὐδὲ ὁ πατὴρ ὑμῶν
ἀφήσει τὰ παραπτώματα ὑμῶν.

그러나 너희가 다른 사람들을 용서하지 않으면, [너희] 아버지께서도 너희의 허물을 용서하지 않으실 것이다(마태 6,15).

- καί … καί 양쪽 다

φοβεῖσθε δὲ μᾶλλον τὸν δυνάμενον καὶ ψυχὴν καὶ σῶμα ἀπολέσαι ἐν γεέννῃ.

오히려 영혼도 육신도 지옥에서 멸망시키실 수 있는 분을 두려워하여라(마태 10,28).

- οὐδέ … οὐδέ 양쪽 다 아니

οὐ σπείρουσιν οὐδὲ θερίζουσιν οὐδὲ συνάγουσιν εἰς ἀποθήκας.

그것들은 씨를 뿌리지도 않고 거두지도 않을 뿐만 아니라 곳간에 모아들이지도 않는다(마태 6,26).

44-3 **τέ와 οὔτε**

τέ(그리고)와 **οὔτε**(…도 아니)는 **καί**와 **οὐδέ**의 용법과 같다. 다만 처음 한두 마디 다음에 위치하는 전접어라는 점이 다를 뿐이다.

44-4 **μέν ... δέ**

μέν ... **δέ**는 본디 '한편으로 … 다른 한편으로'의 뜻이지만, 앞의 **μέν**을 무시하고 **'그러나'**로 옮길 수 있다.

ἐγὼ μὲν ὑμᾶς βαπτίζω ἐν ὕδατι εἰς μετάνοιαν, ὁ δὲ ὀπίσω μου ἐρχόμενος ἰσχυρότερός μού ἐστιν.

나는 너희를 회개시키려고 물로 세례를 준다. 그러나 내 뒤에 오시는 분은 나보다 더 큰 능력을 지니신 분이시다(마태 3,11).

αὐτοὶ μὲν ἀπέκτειναν αὐτούς, ὑμεῖς δὲ οἰκοδομεῖτε.

이렇게 그들(너희 조상들)은 그들(예언자들)을 죽이고 너희는 (그들의 무덤을) 만들고 있다(루카 11,48).

낱말

ἀμήν 아멘, 진실로
βιβλίον,-ου, τό 책
ἔτι 아직, 여태
θεραπεύω 치유하다 *therapy
ἰδού 보라!
πάλιν 다시
Παῦλος,-ου, ὁ 바오로
τέκνον,-ου, τό 아이, 자녀(복수)
τότε 그때에
Χριστός,-οῦ, ὁ 그리스도, 메시아

익힘

1. ὁ νεανίας ἦν καὶ ἀγαθὸς καὶ δίκαιος πρὸ τοῦ κυρίου.
2. ὁ μὲν ἀπόστολος ἐπέμπε τὸν λόγον τῆς ζωῆς πάλιν, οἱ δὲ κακοὶ οὐκ ἤκουον ἔτι.
3. οἱ λοιποὶ καὶ εὑρήσουσι καὶ κηρύξουσι τὸ εὐαγγέλιον.
4. οἱ ἁμαρτολοὶ οὐδὲ ἐπίστευον οὐδὲ ἐθεραπεύοντο.
5. ἐν τῷ οἴκῳ συνήγοντο τὰ τέκνα ὑμῶν· αὐτά λήμψομαι καὶ φάγονται τοὺς ἄρτους.
6. τότε ἡμεῖς ἦμεν πιστοὶ τῷ κυρίῳ, ἀλλ' ὑμεῖς ἦτε ἐν τῇ ὁδῷ τῇ πονερᾷ.
7. οἱ ἄγγελοι οἴσουσιν ζωήν τοῖς ἀγαθοῖς, τὰ δὲ δαιμόνια τοῖς κακοῖς θάνατον.
8. μετὰ τὰς ἡμέρας ἐκεῖνας ὁ ὅλος λαὸς γνώσεται τὸν θεὸν διὰ Ἰησοῦ.
9. ἐν τῇ συναγωγῇ Παῦλος ἄρξεται κερύσσειν τὸν Ἰησοῦν Χριστόν.

제15과

단축동사

45 **단축동사**

어미의 모음이 단축되는 동사다.

- ἀγαπάω의 직설법 능동태

		현재	미완료
단수	1	ἀγαπῶ ← ἀγαπάω	ἠγάπων ← ἠγάπαον
	2	ἀγαπᾷς ← ἀγαπάεις	ἠγάπας ← ἠγάπαες
	3	ἀγαπᾷ ← ἀγαπάει	ἠγάπα ← ἠγάπαε
복수	1	ἀγαπῶμεν ← ἀγαπάομεν	ἠγαπῶμεν ← ἠγαπάομεν
	2	ἀγαπᾶτε ← ἀγαπάετε	ἠγαπᾶτε ← ἠγαπάετε
	3	ἀγαπῶσι(ν) ← ἀγαπάουσι(ν)	ἠγάπων ← ἠγάπαον

- ποιέω의 직설법 능동태

		현재	미완료
단수	1	ποιῶ ← ποιέω	ἐποίουν ← ἐποίεον
	2	ποιεῖς ← ποιέεις	ἐποίεις ← ἐποίεες
	3	ποιεῖ ← ποιέει	ἐποίει ← ἐποίεε
복수	1	ποιοῦμεν ← ποιέομεν	ἐποιοῦμεν ← ἐποιέομεν
	2	ποιεῖτε ← ποιέετε	ἐποιεῖτε ← ἐποιέετε
	3	ποιοῦσι(ν) ← ποιέουσι(ν)	ἐποίουν ← ἐποίεον

- πληρόω의 직설법 능동태

		현재	미완료
단수	1	πληρῶ ← πληρόω	ἐπλήρουν ← ἐπλήροον
	2	πληροῖς ← πληρόεις	ἐπλήρους ← ἐπλήροες
	3	πληροῖ ← πληρόει	ἐπλήρου ← ἐπλήροε
복수	1	πληροῦμεν ← πληρόομεν	ἐπληροῦμεν ← ἐπλήροομεν
	2	πληροῦτε ← πληρόετε	ἐπληροῦτε ← ἐπλήροετε
	3	πληροῦσι(ν) ← πληρόουσι(ν)	ἐπλήρουν ← ἐπλήροον

- 단축동사의 활용은 모음이 단축되는 것 말고는 규칙적이다.
- 사전에는 단축 이전의 형태, 곧 ἀγαπάω, ποιέω, πληρόω가 소개되지만, 신약성경에서는 언제나 단축된 형태만 나온다.

46 모음 단축의 규칙

처음 \ 나중	ε	ει	η	ῃ	αι	οι	ο	ου	ω
α	α	ᾳ	α	ᾳ	-	ῳ	ω	ω	ω
ε	ει	ει	η	ῃ	ῃ	οι	ου	ου	ω
ο	ου	οι	ω	οι	-	οι	ου	ου	ω

- ο- 계열의 모음(ο, οι, ου, ω)은 α나 ε-계열의 모음(ε, η)보다 우선하고, 단축의 결과는 ω나 ου로 나타난다.
- α와 ε는 누가 먼저 오느냐에 따라 우선 순위가 결정된다.

  α + ε = α,   ε + αι = ῃ
- ι는 이중모음(ει, οι)으로든지 '하기 ι'(ᾳ, ῃ, ῳ)로든지 언제나 보존된다.
- εε는 ει, οο는 ου로 단축된다.
- ε는 장모음(η, ω)이나 ο- 계열의 이중모음(οι, ου)에 흡수되고, ο는 ω와 ο- 계열의 이중모음(οι, ου)에 흡수된다.

- 두 가지 예외
  ἀγαπάω의 부정사(ἀγαπά + ειν)는 ἀγαπᾶν
  πληρόω의 부정사(πληρο + ειν)는 πληροῦν
- 단축모음은 모두 장모음이다.

낱말

단축동사

ἀγαπάω 사랑하다

γεννάω 낳다

ζάω 살다[1)]

ζητέω 찾다, 궁리하다

καλέω 부르다, 이름 짓다, 초대하다

λαλέω 이야기하다, 수다 떨다 *glossolalia(방언)

ὁράω 보다 *panorama

παρακαλέω 권고하다, 격려하다, 위로하다 *Paraclete

πληρόω 채우다, 차게 하다

ποιέω 하다, 만들다 *poem

σταυρόω 십자가에 못 박다

φιλέω 좋아하다, 사랑하다

φοβέομαι 두려워하다 *phobia

익힘

1. ὁ Ἰησοῦς λέγει τῷ Πέτρῳ, ἀγαπᾷς με; ὁ Πέτρος ἀποκρίνεται αὐτῷ, σύ γινώσκεις ὅτι φιλῶ σε.
2. φοβεῖσθε τοὺς ἀνθρώπους, φοβούμεθα δὲ τὸν κύριον.
3. ἡ πιστὴ γεννᾷ τὸν υἱὸν τὸν μόνον τῷ πρεσβυτέρῳ.

---

1) 현재 시상에서 -α-보다는 -η-로 활용한다.

4. οἱ τυφλοὶ οὐκ ὁρῶσι τὸν ἀπόστολον τοῦτον, ἀλλὰ παρακαλοῦνται ὑπ' αὐτοῦ.
5. ζῶ καὶ ἀποθνῄσκω πρός τοῦ κυρίου.
6. ὁ προφήτης ἐλάλει τοῖς ἁμαρτωλοῖς τὸν καλὸν λόγον, οὐ δὲ ἤθελον ἀκούειν.
7. ὁ Ἰησοῦς ἐποίει τὸ ἔργον τὸ ἀγαθὸν καὶ ἐπλήρου τὸν λόγον τοῦ θεοῦ.
8. ὁ ἄγγελος ἐπαρακάλει τὴν ὁδὸν τῆς ζωῆς τοῖς κακοῖς, ἀλλ' οὐκ ἐζήτουν ζᾶν.[2)]
9. οἱ τυφλοὶ ἐκάλουν τὸν Ἰησοῦν καὶ ἐθεραπεύοντο ὑπ' αὐτοῦ.
10. αἱ ἁμαρτίαι ἡμῶν ἐσταύρουν τὸν Ἰησοῦν κύριον τὸν ἅγιον.

---

2) ζᾶν은 ζάω의 부정사.

λύω의 직설법 단순과거 능동태·중간태·수동태, λείπω, γράφω의 직설법 제2단순과거

47 λύω의 직설법 단순과거 능동태·중간태·수동태

		능동태	중간태	수동태
단수	1	ἔλυσα	ἐλυσάμην	ἐλύθην
	2	ἔλυσας	ἐλύσω	ἐλύθης
	3	ἔλυσε	ἐλύσατο	ἐλύθη
복수	1	ἐλύσαμεν	ἐλυσάμεθα	ἐλύθημεν
	2	ἐλύσατε	ἐλύσασθε	ἐλύθητε
	3	ἔλυσαν	ἐλύσαντο	ἐλύθησαν

47-1 제1단순과거와 제2단순과거

- 단순과거는 어간의 변화 유무에 따라 제1단순과거와 제2단순과거로 구분된다.
- 제1단순과거는 어간이 변하지 않으나(규칙)
- 제2단순과거는 어간이 변한다(불규칙).

47-2 단순과거의 형태

- 단순과거도 제2시상(제3과 08)이므로 접두모음 ϵ가 붙는다(제10과 32 참조).
  단순과거 시상접미어 -σα와 수동태 시상접미어 -θη는 제1단순과거에만 첨가된다.
- 단순과거는 미래처럼 중간태와 수동태의 형태가 다르다.

47-3 단순과거 제2수동태(=제2단순과거 수동태)

어떤 동사는 단순과거 수동태에서 시상접미어 θ가 빠진다.
이를 단순과거 제2수동태라고 한다.
예를 들어 γράφω의 단순과거 수동태는 ἐγράφθην이 아니라 ἐγράφην.

47-4 **이태동사의 단순과거**

- 어떤 이태동사의 단순과거는 중간태는 없고 수동태 형태만 있다.
  ἀποκρίνομαι의 단순과거는 ἀπεκρίθην.
- 어떤 이태동사는 중간태와 수동태 형태가 모두 쓰인다.
  γίνομαι의 단순과거는 중간태(ἐγενόμην)와 수동태(ἐγενήθην) 둘 다 있는데, 형태만 다르고 뜻은 똑같다.
- 형태와 상관없이 모두 능동의 의미를 지닌다(제11과 37-1을 보라).

48 λείπω, γράφω의 직설법 제2단순과거

- λείπω(남겨두다)의 직설법 제2단순과거 능동태·중간태

		능동태	중간태	수동태(제1단순과거)
단수	1	ἔλιπον	ἐλιπόμην	ἐλείφθην
	2	ἔλιπες	ἐλίπου	제1단순과거 수동태 변화(ἐλύθην)를 따른다.
	3	ἔλιπε(ν)	ἐλίπετο	
복수	1	ἐλίπομεν	ἐλιπόμεθα	
	2	ἐλίπετε	ἐλίπεσθε	
	3	ἔλιπον	ἐλίποντο	

- γράφω(쓰다)의 직설법 제2단순과거 수동태(=단순과거 제2수동태)

		능동태(제1단순과거)	중간태(제1단순과거)	수동태
단수	1	ἔγραψα	-	ἐγράφην
	2	제1단순과거 능동태 변화(ἐλύσα)를 따른다.	신약성경에 나오지 않는다.	ἐγράφης
	3			ἐγράφη
복수	1			ἐγράφημεν
	2			ἐγράφητε
	3			ἐγράφησαν

제2단순과거(불규칙 변화)는 불규칙 어간에 접두모음 ϵ가 붙고 어미변화는 미완료형 어미변화와 같다. 참고로 λϵίπω의 미완료 능동태는 ἔλϵιπον이다.

48-1 **제1단순과거와 제2단순과거의 혼합**

- 단순과거 변화 시 어떤 동사의 경우 능동태·중간태는 제1단순과거 형태를, 수동태는 제2단순과거 형태를 취한다. 예: γράφω
- 반대로 어떤 동사의 경우 능동태·중간태는 제2단순과거 형태를, 수동태는 제1단순과거 형태를 취한다. 예: λϵίπω
- 제2단순과거는 형태만 다를 뿐 제1단순과거와 똑같은 시상이다.

낱말

현재	제2단순과거	뜻
ἄγω	ἤγαγον	인도하다
βάλλω	ἔβαλον	던지다
γίνομαι	ἐγενόμην	되다
ἔρχομαι	ἦλθον	가다
ἐσθίω	ἔφαγον	먹다
εὑρίσκω	εὗρον	찾다
ἔχω	ἔσχον	가지다
λαμβάνω	ἔλαβον	취하다
λέγω	εἶπον	말하다
λείπω	ἔλιπον	남겨두다
ὁράω	εἶδον	보다
πίνω	ἔπιον	마시다
πίπτω	ἔπεσον	떨어지다
φεύγω	ἔφυγον	도망치다

οἶνος,-ου, ὁ 술

명사 제3변화

- 명사 제1변화는 대부분 여성이고 ὥρα, δόξα, γραφή처럼 -α나 -η로 끝난다. 남성은 몇 안 된다.
  제1변화의 남성 명사는 μαθητής나 νεανίας처럼 -ης나 -ας로 끝난다.
- 제2변화는 대부분 남성과 중성이고 λόγος와 δῶρον처럼, -ος나 -ον로 끝난다. -ος로 끝나는 명사는 대부분 남성이고 여성은 몇 안 된다. -ον로 끝나는 명사는 모두 중성이다.
  제2변화 여성 명사에는 ὁδός가 있다.
- 제3변화는 세 가지 성이 다 있고 형태도 다양하다.

49 명사 제3변화: 기본 변화

		ἄρχων,-οντος ὁ 통치자	νύξ, νυκτός ἡ 밤	ὄνομα,-τος τό 이름
단수	주	ἄρχων	νύξ	ὄνομα
	속	ἄρχοντος	νυκτός	ὀνόματος
	여	ἄρχοντι	νυκτί	ὀνόματι
	대	ἄρχοντα	νύκτα	ὄνομα
복수	주	ἄρχοντες	νύκτες	ὀνόματα
	속	ἀρχόντων	νυκτῶν	ὀνομάτων
	여	ἄρχουσι(ν)	νυξί(ν)	ὀνόμασι(ν)
	대	ἄρχοντας	νύκτας	ὀνόματα

49-1 **제3변화에 나타나는 세 가지 큰 특징**

- 어간은 주로 주격이 아니라 속격에서 드러나므로 속격을 반드시 외워야 한다.

- 복수 여격 어미는 -σι이기에 그 앞에 순음(π, β, φ), 구개음(κ, γ, χ), 치음(τ, δ, θ), 비음(μ, ν)이 올 경우 예기치 못한 변화를 일으킨다. 보통 순음은 ψ, 구개음은 ξ로 바뀌고, 치음과 비음은 떨어져 나간다.

π, β, φ + σι → ψι

단수주격	λαῖλαψ ἡ 폭풍
단수속격	λαίλαπος
복수여격	λαίλαψιν

κ, γ, χ + σι → ξι

단수주격	σάρξ ἡ 살[肉]
단수속격	σαρκός
복수여격	σαρξίν

τ, δ, θ + σι → τ, δ, θ 탈락

단수주격	πούς ὁ 발
단수속격	ποδός
복수여격	ποσίν

μ, ν + σι → μ, ν 탈락

단수주격	ποιμήν ὁ 목자
단수속격	ποιμένος
복수여격	ποιμέσιν

- 제3변화 명사의 남성과 여성은 주격과 속격의 어미만 보고서 구분할 수 없다. 그러나 -μα로 끝나는 명사는 모두 중성이다.

49-2 **제3변화 단음절 명사의 악센트**

제3변화 단음절 명사 속격과 여격은 단수든 복수든 얼티마에 악센트가 온다.

	단수	복수	
주	σάρξ	σάρκες	ἡ 살[肉]
속	σαρκός	σαρκῶν	
여	σαρκί	σαρξίν	
대	σάρκα	σάρκας	
호	σάρξ	σάρκες	

50 명사 제3변화: 유음(ρ) 어간으로 끝나는 명사

		πατήρ ὁ 아버지	ἀνήρ ὁ 남자	ῥήτωρ ὁ 변호사
단수	주	πατήρ	ἀνήρ	ῥήτωρ
	속	πατρός	ἀνδρός	ῥήτορος
	여	πατρί	ἀνδρί	ῥήτορι
	대	πατέρα	ἄνδρα	ῥήτορα
	호	πάτερ	ἄνερ	ῥήτωρ
복수	주	πατέρες	ἄνδρες	ῥήτορες
	속	πατέρων	ἀνδρῶν	ῥητόρων
	여	πατράσι(ν)	ἀνδράσι(ν)	ῥήτορσι(ν)
	대	πατέρας	ἄνδρας	ῥήτορας
	호	πατέρες	ἄνδρες	ῥήτορες

		σωτήρ ὁ 구원자	χείρ ἡ 손*	μάρτυς ὁ 증인
단수	주	σωτήρ	χείρ	μάρτυς
	속	σωτῆρος	χειρός	μάρτυρος
	여	σωτῆρι	χειρί	μάρτυρι
	대	σωτῆρα	χεῖρα	μάρτυρα
	호	σωτήρ	χείρ	μάρτυς
복수	주	σωτῆρες	χεῖρες	μάρτυρες
	속	σωτήρων	χειρῶν	μαρτύρων
	여	σωτῆρσι(ν)	χερσί(ν)	μάρτυσι(ν)
	대	σωτῆρας	χεῖρας	μάρτυρας
	호	σωτῆρες	χεῖρες	μάρτυρες

* χείρ는 제3변화 단음절 명사의 악센트 법칙을 따른다.

51 명사 제3변화: -ις, -υς, -ευς, -ους로 끝나는 명사

		πόλις ἡ 도시	ἰχθύς ὁ 물고기	πῆχυς ὁ 큐빗
단수	주	πόλις	ἰχθύς	πῆχυς
	속	πόλεως	ἰχθύος	πήχεως
	여	πόλει	ἰχθύι	πήχει
	대	πόλιν	ἰχθύν	πῆχυν
	호	πόλι	ἰχθύ	πῆχυ
복수	주	πόλεις	ἰχθύες	πήχεις
	속	πόλεων	ἰχθύων	πηχῶν / πήχεων
	여	πόλεσι(ν)	ἰχθύσι(ν)	πήχεσι(ν)
	대	πόλεις	ἰχθύας	πήχεις
	호	πόλεις	ἰχθύες	πήχεις

		βασιλεύς ὁ 임금	βοῦς ὁ 황소
단수	주	βασιλεύς	βοῦς
	속	βασιλέως	βοός
	여	βασιλεῖ	βοΐ
	대	βασιλέα	βοῦν
	호	βασιλεῦ	βοῦ
복수	주	βασιλεῖς	βόες
	속	βασιλέων	βοῶν
	여	βασιλεῦσι(ν)	βουσί(ν)
	대	βασιλεῖς	βόας
	호	βασιλεῖς	βόες

51-1 -ις, -υς로 끝나는 제3변화 명사 악센트

-ις, -υς로 끝나는 제3변화 명사에서 -εως와 -εων으로 끝나는 속격은 안티피널트에 애큐트를 허용한다.

πόλεως, πόλεων, πήχεως, πήχεων

51-2 βοῦς의 악센트

βοῦς는 제3변화 단음절 명사의 악센트 법칙을 따른다.

52 명사 제3변화: 중성명사

		πνεῦμα τό 바람, 영	ὕδωρ τό 물	φῶς τό 빛	ἔθνος τό 민족
단수	주	πνεῦμα	ὕδωρ	φῶς	ἔθνος
	속	πνεύματος	ὕδατος	φωτός	ἔθνους
	여	πνεύματι	ὕδατι	φωτί	ἔθνει
	대	πνεῦμα	ὕδωρ	φῶς	ἔθνος
복수	주	πνεύματα	ὕδατα	φῶτα	ἔθνη
	속	πνευμάτων	ὑδάτων	φώτων	ἐθνῶν
	여	πνεύμασι(ν)	ὕδασι(ν)	φωσί(ν)	ἔθνεσι(ν)
	대	πνεύματα	ὕδατα	φῶτα	ἔθνη

52-1 중성 명사 어미 -α

중성 명사의 끝에 나오는 -α는 모두 단모음으로 여긴다.

πνεῦμα, πνεύματα, ὕδατα, φῶτα

52-2 φῶς의 악센트

φῶς는 단음절 명사의 악센트 법칙을 따른다.

52-3 **ἐθνῶν의 악센트**

ἐθνῶν은 본디 ἐθνέων이었는데 단축된 것이다. 그래서 써콤플렉스가 마지막 음절에 붙었다.

낱말

아래 분류는 속격 단수 어미에 따라 배열한 것이다.

1. 여성과 남성

-ος 어미

γυνή, γυναικός, ἡ 부인, 아내, 단수 호격: γύναι
ἐλπίς, ἐλπίδος, ἡ 희망
μήτηρ, μητρός, ἡ 어머니
νύξ, νυκτός, ἡ 밤 *라틴어 nox
σάρξ, σαρκός, ἡ 살
χάρις, χάριτος, ἡ 은총 *charisma
χείρ, χειρός, ἡ 손

αἰών, αἰῶνος, ὁ 시대, 영원, εἰς τὸν αἰῶνα 영원히
ἀνήρ, ἀνδρός, ὁ 남자, 남편, 사람
ἄρχων, ἄρχοντος, ὁ 통치자
βοῦς, βοός, ὁ 황소
ἰχθύς, ἰχθύος, ὁ 물고기
μάρτυς, μάρτυρος, ὁ 증인, 순교자 *martyr
πατήρ, πατρός, ὁ 아버지
πούς, ποδός, ὁ 발
ῥήτωρ, ῥήτορος, ὁ 변호사, 대변인
σωτήρ, σωτῆρος, ὁ 구원자 *soteriology

-εως 어미

ἀνάστασις,-εως, ἡ 부활

δύναμις,-εως, ἡ 능력, 힘 *dynamic

κρίσις,-εως, ἡ 심판 *critic

πίστις,-εως, ἡ 신앙, 신뢰

πόλις,-εως, ἡ 도시 *metropolis

ἀρχιερεύς,-έως, ὁ 수석 사제, 대사제

βασιλεύς,-έως, ὁ 임금

γραμματεύς,-έως, ὁ 율법학자 *grammatical

2. 중성

-ατος 어미

αἷμα,-ατος, τό 피

θέλημα,-ατος, τό 뜻, 의지

ὄνομα,-ατος, τό 이름

πνεῦμα,-ατος, τό 바람, 영

ῥῆμα,-ατος, τό 말씀, 사건 *rhetoric

σπέρμα,-ατος, τό 씨앗 *sperm

στόμα,-ατος, τό 입 *Chrysostom = 황금 입

σῶμα,-ατος, τό 몸 *psychosomatic

τέρας,-ατος, τό 기적

ὕδωρ,-ατος, τό 물 *hydroelectric

-ους 어미

γένος,-ους, τό 족속, 종족 *gentile

ἔθνος,-ους, τό 민족, 복수: 이방인들, 이교인들 *ethnic

ἔτος,-ους, τό 해年

μέρος,-ους, τό 몫

ὄρος,-ους, τό 산, 복수 속격: ὄρεων
τέλος,-ους, τό 끝, 목적 *teleology

-ος 어미
πῦρ, πυρός, τό 불
φῶς, φωτός, τό 빛 *photo

3. 기타

δοξάζω 영광스럽게 하다
ἐκεῖ 거기에
Ἰωνᾶς,-ᾶ, ὁ 요나
Μωϋσῆς,-έως, ὁ 모세
σοφία,-ας, ἡ 지혜

익힘

1. ἐν τῇ ἡμέρᾳ ὁ Ἰησοῦς ἔπιεν οἶνον καὶ ἔφαγεν ἄρτον μετὰ τῶν μαθητῶν αὐτοῦ.
2. εἶπεν κύριος πρὸς Μωϋσῆν, Εἶδον τὴν ἁμαρτίαν τοῦ λαοῦ μου ἐν τῇ ἐρήμῳ.
3. ἔλαβον τὸν Ἰωνᾶν καὶ ἐξέβαλον αὐτὸν εἰς τὴν θάλασσαν.
4. οἱ ὀφθαλμοὶ τοῦ ἄρχοντος ἔβλεψαν καὶ τὰ ἔργα ὑμῶν καὶ τὰς καρδίας ὑμῶν.
5. τὰ ἔθνη ἔλυσε τὴν πονηρὰν πόλιν καὶ ἐκεῖ ἦσαν οὐδὲ τὸ πῦρ οὐδὲ τὸ φῶς.
6. ἐκ τοῦ στόματος τοῦ πατρός ἡμῶν ἐξῆλθον τὰ ῥήματα τῆς σοφίας.
7. μακάριος ὁ ἀνὴρ γυναικὸς ἀγαθῆς.
8. ἐν τῇ νυκτὶ ἐκείνῃ κύριος ἤγαγε τὸν λαὸν τῷ Μωϋσῇ καὶ ἐδίδαξεν ἐπὶ τῷ ὄρει τὸ θέλεμα αὐτοῦ.

9. τὸ αἷμα μαρτύρων γενήσεται τὸ σπέρμα πίστεως.
10. ἐν τῷ ἔτει τῆς ἐλπίδος, κύριε ὁ θεός μου, δοξάσω τὸ ὄνομά σου εἰς τὸν αἰῶνα.
11. τὸ πνεῦμα τοῦ κυρίου ἦλθεν ἀπ' οὐρανοῦ καὶ ἐκήρυξε τὸ ἔτος χάριτος.
12. ὁ ἅγιος βασιλεύς κρινεῖ[1] τοὺς πονηροὺς ἀρχιερεῖς καὶ τοὺς κακοὺς γραμματεῖς.
13. ὁ Ἰησοῦς ὁ σωτήρ ἡμῶν σώσει τὰ γένη τοῦ κόσμου σαρκὶ καὶ αἷματι αὐτοῦ.
14. ὁ ἀνήρ οὐκ ηὗρισκεν ὕδωρ καὶ ἄρτον, ἀλλὰ οἶνον καὶ ἰχθύας.
15. μετὰ θάνατον ἐθέλομεν βλέπειν ἀνάστασιν.

---

1) κρίνω의 미래: κρινῶ.

분사의 용법과 독립 속격

53 εἰμί의 분사

53-1 εἰμί의 분사 현재 능동태

		남성	여성	중성
단수	주	ὤν	οὖσα	ὄν
	속	ὄντος	οὔσης	ὄντος
	여	ὄντι	οὔσῃ	ὄντι
	대	ὄντα	οὖσαν	ὄν
복수	주	ὄντες	οὖσαι	ὄντα
	속	ὄντων	οὐσῶν	ὄντων
	여	οὖσι	οὔσαις	οὖσι
	대	ὄντας	οὔσας	ὄντα

▶ **남성과 중성:** 명사 제3변화, **여성:** 제1변화

53-2 εἰμί의 분사 미래 중간태

단수	주	ἐσόμενος	ἐσομένη	ἐσόμενον
	속	ἐσομένου	ἐσομένης	ἐσομένου
	여	ἐσομένῳ	ἐσομένῃ	ἐσομένῳ
	대	ἐσόμενον	ἐσομένην	ἐσόμενον
복수	주	ἐσόμενοι	ἐσόμεναι	ἐσόμενα
	속	ἐσομένων	ἐσομένων	ἐσομένων
	여	ἐσομένοις	ἐσομέναις	ἐσομένοις
	대	ἐσομένους	ἐσομένας	ἐσόμενα

▶ **남성과 중성:** 명사 제2변화, **여성:** 제1변화

54 λύω의 분사

54-1 λύω의 분사 현재 능동태

단수	주	λύων	λύουσα	λῦον
	속	λύοντος	λυούσης	λύοντος
	여	λύοντι	λυούσῃ	λύοντι
	대	λύοντα	λύουσαν	λῦον
복수	주	λύοντες	λύουσαι	λύοντα
	속	λυόντων	λυουσῶν	λυόντων
	여	λύουσι	λυούσαις	λύουσι
	대	λύοντας	λυούσας	λύοντα

• λυ-에 εἰμί의 분사 현재 능동태를 덧붙인다.

54-2 λύω의 분사 현재 중간태·수동태

단수	주	λυόμενος	λυομένη	λυόμενον
	속	λυομένου	λυομένης	λυομένου
	여	λυομένῳ	λυομένῃ	λυομένῳ
	대	λυόμενον	λυομένην	λυόμενον
복수	주	λυόμενοι	λυόμεναι	λυόμενα
	속	λυομένων	λυομένων	λυομένων
	여	λυομένοις	λυομέναις	λυομένοις
	대	λυομένους	λυομένας	λυόμενα

• 형용사 제1·2변화와 같이 변화한다.

54-3 λύω의 분사 미래 능동태

단수	주	λύσων	λύσουσα	λῦσον
	속	λύσοντος	λυσούσης	λύσοντος
	여	λύσοντι	λυσούσῃ	λύσοντι
	대	λύσοντα	λύσουσαν	λῦσον
복수	주	λύσοντες	λύσουσαι	λύσοντα
	속	λυσόντων	λυσουσῶν	λυσόντων
	여	λύσουσι	λυσούσαις	λύσουσι
	대	λύσοντας	λυσούσας	λύσοντα

54-4 λύω의 분사 미래 중간태

단수	주	λυσόμενος	λυσομένη	λυσόμενον
	속	λυσομένου	λυσομένης	λυσομένου
	여	λυσομένῳ	λυσομένῃ	λυσομένῳ
	대	λυσόμενον	λυσομένην	λυσόμενον
복수	주	λυσόμενοι	λυσόμεναι	λυσόμενα
	속	λυσομένων	λυσομένων	λυσομένων
	여	λυσομένοις	λυσομέναις	λυσομένοις
	대	λυσομένους	λυσομένας	λυσόμενα

54-5 λύω의 분사 미래 수동태

단수	주	λυθησόμενος	λυθησομένη	λυθησόμενον
	속	λυθησομένου	λυθησομένης	λυθησομένου
	여	λυθησομένῳ	λυθησομένῃ	λυθησομένῳ
	대	λυθησόμενον	λυθησομένην	λυθησόμενον
복수	주	λυθησόμενοι	λυθησόμεναι	λυθησόμενα
	속	λυθησομένων	λυθησομένων	λυθησομένων
	여	λυθησομένοις	λυθησομέναις	λυθησομένοις
	대	λυθησομένους	λυθησομένας	λυθησόμενα

54-6 λύω의 분사 단순과거 능동태

단수	주	λύσας	λύσασα	λῦσαν
	속	λύσαντος	λυσάσης	λύσαντος
	여	λύσαντι	λυσάσῃ	λύσαντι
	대	λύσαντα	λύσασαν	λῦσαν
복수	주	λύσαντες	λύσασαι	λύσαντα
	속	λυσάντων	λυσασῶν	λυσάντων
	여	λύσασι	λυσάσαις	λύσασι
	대	λύσαντας	λυσάσας	λύσαντα

- 어간 -σα-를 바탕으로 λύω의 분사 현재 능동태처럼 변화한다.

54-7 λύω의 분사 단순과거 중간태

단수	주	λυσάμενος	λυσαμένη	λυσάμενον
	속	λυσαμένου	λυσαμένης	λυσαμένου
	여	λυσαμένῳ	λυσαμένῃ	λυσαμένῳ
	대	λυσάμενον	λυσαμένην	λυσάμενον
복수	주	λυσάμενοι	λυσάμεναι	λυσάμενα
	속	λυσαμένων	λυσαμένων	λυσαμένων
	여	λυσαμένοις	λυσαμέναις	λυσαμένοις
	대	λυσαμένους	λυσαμένας	λυσάμενα

- 어간 -σα-를 바탕으로 λύω의 분사 현재 중간태·수동태처럼 변화한다.

54-8 λύω의 분사 단순과거 수동태

단수	주	λυθείς	λυθεῖσα	λυθέν
	속	λυθέντος	λυθείσης	λυθέντος
	여	λυθέντι	λυθείσῃ	λυθέντι
	대	λυθέντα	λυθεῖσαν	λυθέν
복수	주	λυθέντες	λυθεῖσαι	λυθέντα
	속	λυθέντων	λυθεισῶν	λυθέντων
	여	λυθεῖσι	λυθείσαις	λυθεῖσι
	대	λυθέντας	λυθείσας	λυθέντα

- -θε-는 단순과거 수동태의 어간이다.

54-9 λύω의 분사 현재완료 능동태

단수	주	λελυκώς	λελυκυῖα	λελυκός
	속	λελυκότος	λελυκυίας	λελυκότος
	여	λελυκότι	λελυκυίᾳ	λελυκότι
	대	λελυκότα	λελυκυῖαν	λελυκός
복수	주	λελυκότες	λελυκυῖαι	λελυκότα
	속	λελυκότων	λελυκυιῶν	λελυκότων
	여	λελυκόσι	λελυκυίαις	λελυκόσι
	대	λελυκότας	λελυκυίας	λελυκότα

54-10 λύω의 분사 현재완료 중간태·수동태

단수	주	λελυμένος	λελυμένη	λελυμένον
	속	λελυμένου	λελυμένης	λελυμένου
	여	λελυμένῳ	λελυμένῃ	λελυμένῳ
	대	λελυμένον	λελυμένην	λελυμένον
복수	주	λελυμένοι	λελυμέναι	λελυμένα
	속	λελυμένων	λελυμένων	λελυμένων
	여	λελυμένοις	λελυμέναις	λελυμένοις
	대	λελυμένους	λελυμένας	λελυμένα

55 분사 제2단순과거

55-1 능동태

분사 제2단순과거 능동태는 제2단순과거 어간에 εἰμί의 분사 현재 능동태 ων, ουσα, ον을 붙여 만든다.

예를 들어 βλέπω(또는 ὁράω)(보다)의 분사 제2단순과거 능동태는 εἶδον(제2단순과거)에서 접두모음과 어미를 뗀 ιδ에 ων, ουσα, ον을 붙여 만든다.

단수	주	ἰδών	ἰδοῦσα	ἰδόν
	속	ἰδόντος	ἰδούσης	ἰδόντος
	여	ἰδόντι	ἰδούσῃ	ἰδόντι
	대	ἰδόντα	ἰδοῦσαν	ἰδόν
복수	주	ἰδόντες	ἰδοῦσαι	ἰδόντα
	속	ἰδόντων	ἰδουσῶν	ἰδόντων
	여	ἰδοῦσι(ν)	ἰδούσαις	ἰδοῦσι(ν)
	대	ἰδόντας	ἰδούσας	ἰδόντα

55-2 중간태

분사 제2단순과거 중간태는 제2단순과거 능동태 어간에 분사 현재 중간태 -ομενος, -ομενη, -ομενον을 붙여 만든다.

λαμβάνω(받다, 취하다)의 분사 제2단순과거 중간태는 λαβόμενος, -νη, -ον이다.

55-3 수동태

분사 제2단순과거 수동태는 분사 제1단순과거 수동태 변화를 따르되 θ를 생략한다.

γράφω(쓰다)의 분사 제2단순과거 수동태는,

γραφείς, γραφεῖσα, γραφέν이다.

56 분사의 성격

- 분사는 형용사의 성격과 동사의 성격을 동시에 갖는다.
- 형용사로서는 수식하는 명사와 성·수·격을 일치시켜야 한다.
- 동사로서는 시상과 태, 부사적 수식어, 목적어를 갖는다.

ὁ ἀπόστολος λέγων ταῦτα ἐν τῷ ἱερῷ βλέπει τόν κύριον.

그 사도는 그 성전에서 이것들을 말하면서 주님을 본다.

Ὁ δὲ Πέτρος ἀναστὰς ἔδραμεν ἐπὶ τὸ μνημεῖον καὶ παρακύψας βλέπει τὰ ὀθόνια μόνα, καὶ ἀπῆλθεν πρὸς ἑαυτὸν θαυμάζων τὸ γεγονός

그러나 베드로는 일어나 무덤으로 달려가서 몸을 굽혀 들여다보았다. 그곳에는 아마포만 놓여 있었다. 그는 일어난 일을 속으로 놀라워 하며 돌아갔다(루카 24,12).

57 분사의 시상

- 신약성경에는 현재, 미래, 단순과거, 현재완료 분사가 나온다. 미래 분사는 몇 회만 발견된다(예: 마태 27,49; 루카 22,49; 요한 6,64; 1코린 15,37; 히브 3,5 등).
- 분사의 시상은 기본적으로 동작의 종류와 상태를 나타낸다. 현재 분사는 계속적인 동작이나 진행 중인 동작, 과거와 미래 분사는 일회성의 동작, 현재완료 분사는 완료 동작을 표현한다.
- 분사의 시상은 동작의 시간보다는 동작의 상태를 나타내는 개념이다. 그러므로 분사 자체는 시간 개념을 갖지 않는다. 분사의 동작 시간은 문맥을 통해 알 수 있다. 곧 분사와 주동사의 관계에 따라 시간이 정해진다. 현재 분사는 주동사와 동일한 시점의 동작을, 단순과거 분사는 주동사보다 앞선 시점의 동작을, 미래 분사는 주동사보다 뒤에 일어날 일을 나타낸다. 현재완료 분사는 주동사의 시점에서 이미 완료된 동작을 나타낸다.

διδασκομένῳ ὑπὸ τοῦ ἀποστόλου προσῆλθον αὐτῷ οἱ δοῦλοι.

그가 그 사도에게 가르침을 받는데 종들이 그에게 왔다. (현재 분사)

καὶ ἤκουσαν οἱ δύο μαθηταὶ αὐτοῦ λαλοῦντος καὶ ἠκολούθησαν τῷ Ἰησοῦ.

그 두 제자는 그가 말하는 것을 듣고 예수님을 따라갔다(요한 1,37). (현재 분사)

ὁ δὲ ἐμὲ λαμβάνων λαμβάνει τὸν πέμψαντά με.

나를 맞아들이는 사람은 나를 보내신 분을 맞아들이는 것이다(요한 13,20). (단순과거 분사)

ὃς ἐληλύθει προσκυνήσων εἰς Ἰερουσαλήμ.

그는 (하느님께) 경배하러 예루살렘에 왔다(사도 8,27). (미래 분사)

εἰ ἔρχεται Ἠλίας σώσων αὐτόν.

엘리야가 그를 구하러 올 것인지(마태 27,49). (미래 분사)

τίς ἐστιν ὁ παραδώσων αὐτόν.

누가 그분을 넘겨 줄 것인지(요한 6,64). (미래 분사)

ἐξανέστησαν δέ τινες τῶν ἀπὸ τῆς αἱρέσεως τῶν Φαρισαίων πεπιστευκότες λέγοντες … .

그런데 바리사이파에 속하였다가 믿게 된 사람 몇이 나서서 … 말하였다(사도 15,5). (현재완료 분사)

- 분사의 부정은 μή를 사용하여 표현한다.

ἵνα μὴ λυπῆσθε καθὼς καὶ οἱ λοιποὶ οἱ μὴ ἔχοντες ἐλπίδα.

그리하여 희망을 가지지 못하는 다른 사람들처럼 슬퍼하지 말라는 것입니다(1테살 4,13).

58 분사의 세 가지 용법

형용사처럼 세 가지 용법이 있다.

58-1 한정적 용법

분사 앞에 관사가 온다.

ἐγώ εἰμι ὁ ἄρτος ὁ ζῶν ὁ ἐκ τοῦ οὐρανοῦ καταβάς·

나는 하늘에서 내려온 살아 있는 빵이다(요한 6,51).

58-2 서술적 용법

분사 앞에 관사가 오지 않는다.

πῶς ἡμεῖς ἐκφευξόμεθα τηλικαύτης ἀμελήσαντες σωτηρίας.

하물며 우리가 이렇듯 고귀한 구원을 소홀히 하면 어떻게 벌을 피할 수 있겠습니까?(히브 2,3)

58-3 독립적 용법

관사만을 가진 채 명사로 쓰인다.

ὁ τρώγων μου τὴν σάρκα καὶ πίνων μου τὸ αἷμα ἔχει ζωὴν αἰώνιον.

그러나 내 살을 먹고 내 피를 마시는 사람은 영원한 생명을 얻는다(요한 6,54).

59 독립 속격

- 분사 구문의 주어와 주문장의 주어가 다를 때 분사와 그 주어는 속격으로 나타난다. 절대 속격이라고도 한다. 다음 둘을 비교하라.

εἰπόντων ταῦτα τῶν ἀποστόλων οἱ μαθηταὶ ἀπῆλθον.

사도들이 이것들을 말한 뒤에 제자들이 가버렸다. (독립 속격)

εἰπόντες ταῦτα οἱ ἀπόστολοι ἀπῆλθον.

사도들이 이것들을 말한 뒤에 가버렸다. (서술적 용법)

- 신약성경에 독립 속격이 자주 발견된다.

Καὶ καταβαινόντων αὐτῶν ἐκ τοῦ ὄρους ἐνετείλατο αὐτοῖς ὁ Ἰησοῦς λέγων, ...

그들이 산에서 내려올 때에 예수님께서는 그들에게 … 명령하셨다(마태 17,9).

καὶ εἰσελθόντος αὐτοῦ εἰς οἶκον οἱ μαθηταὶ αὐτοῦ κατ' ἰδίαν ἐπηρώτων αὐτόν.

그 뒤에 그분께서 집에 들어가셨을 때에 제자들이 따로 물었다(마르 9,28).

낱말

ἁμαρτάνω 죄짓다
ἀνοίγω 열다
εὐαγγελίζομαι (복음을) 전하다
καθίζω 앉다
προσέρχομαι 나아가다

익힘

1. ὁ φοβούμενος θεὸν καὶ ποιῶν ἔργον δίκαιον ἔσται μακάριος.
2. οἱ πιστοὶ μαθηταὶ διήρχοντο διὰ τῆς πόλεως κηρύσσοντες τὸ εὐαγγέλιον τῷ λαῷ.
3. μακάριοι οἱ πορευόμενοι ἐν νόμῳ κυρίου.
4. ἰδοὺ καλοὶ οἱ πόδες τοῦ εὐαγγελιζομένου εἰρήνην τοῖς λοιποῖς.

5. ἡ ψυχὴ ἡ ἁμαρτάνουσα ἀποθανεῖται καὶ οὐκ ὄψεται[1) ἀνάστασιν.
6. αἱ γυναικὲς ἦλθον μὴ εὑροῦσαι[2) τὸ σῶμα Ἰησοῦ καί λέγουσαι ἀλλήλοις.
7. οὗτός ἐστιν ὁ ἄρτος ὁ ἐκ τοῦ οὐρανοῦ καταβαίνων.[3)
8. καθίσαντος Ἰησοῦ προσῆλθαν αὐτῷ οἱ μαθηταὶ αὐτοῦ· καὶ ἀνοίξας τὸ στόμα αὐτοῦ ἐδίδασκεν αὐτούς.[4)
9. γενομένου σαββάτου ἤρξατο διδάσκειν ἐν τῇ συναγωγῇ.[5)
10. ἐσθιόντων αὐτῶν λαβὼν ὁ Ἰησοῦς ἄρτον εἶπεν, Τοῦτο ἐστιν τὸ σῶμά μου.[6)

---

1) ὁραω의 미래(불규칙): ὄψομαι.
2) εὑρίσκω의 제2단순과거 분사.
3) 요한 6,50.
4) 마태 5,1-2.
5) 마르 6,2.
6) 마태 26,26.

제19과

형용사 제3변화와 불규칙 형용사

60 형용사 제3변화

60-1 남성, 여성, 중성 모두 제3변화

		남성	여성	중성	
단수	주	ἀληθής		ἀληθές	참된
	속	ἀληθοῦς		ἀληθοῦς	
	여	ἀληθεῖ		ἀληθεῖ	
	대	ἀληθῆ		ἀληθές	
복수	주	ἀληθεῖς		ἀληθῆ	
	속	ἀληθῶν		ἀληθῶν	
	여	ἀληθέσι(ν)		ἀληθέσι(ν)	
	대	ἀληθεῖς		ἀληθῆ	

▶ 남성과 여성의 형태가 같고 중성은 다르다.

60-2 남성과 중성은 제3변화, 여성은 제1변화

단수	주	πᾶς	πᾶσα	πᾶν	모든
	속	παντός	πάσης	παντός	
	여	παντί	πάσῃ	παντί	
	대	πάντα	πᾶσαν	πᾶν	
복수	주	πάντες	πᾶσαι	πάντα	
	속	πάντων	πασῶν	πάντων	
	여	πᾶσι(ν)	πάσαις	πᾶσι(ν)	
	대	πάντας	πάσας	πάντα	

▶ 남성, 여성, 중성의 형태가 각각 다 다르다.

61 불규칙 형용사

		남성	여성	중성	
단수	주	μέγας	μεγάλη	μέγα	위대한
	속	μεγάλου	μεγάλης	μεγάλου	
	여	μεγάλῳ	μεγάλῃ	μεγάλῳ	
	대	μέγαν	μεγάλην	μέγα	
복수	주	μεγάλοι	μεγάλαι	μεγάλα	
	속	μεγάλων	μεγάλων	μεγάλων	
	여	μεγάλοις	μεγάλαις	μεγάλοις	
	대	μεγάλους	μεγάλας	μεγάλα	

단수	주	πολύς	πολλή	πολύ	많은
	속	πολλοῦ	πολλῆς	πολλοῦ	
	여	πολλῷ	πολλῇ	πολλῷ	
	대	πολύν	πολλήν	πολύ	
복수	주	πολλοί	πολλαί	πολλά	
	속	πολλῶν	πολλῶν	πολλῶν	
	여	πολλοῖς	πολλαῖς	πολλοῖς	
	대	πολλούς	πολλάς	πολλά	

- 이 두 형용사는 남성과 중성의 단수 주격과 대격의 경우에만 제3변화 명사처럼, 나머지는 제1·2변화 명사처럼 변화한다.

낱말

ἀληθής(-οῦς),-ές 진실한, 참된
ἄφρων(-ονος),-ον 미련한, 바보 같은
μέγας, μεγάλη, μέγα 위대한
μείζων(-ονος),-ον 더 위대한[1]
πλήρης(-οῦς),-ες 충만한(속격 지배)
πᾶς(παντός), πᾶσα(πάσης), πᾶν(παντός) 모든
πολύς, πολλή, πολύ 많은

익힘

1. Στέφανος πλήρης χάριτος καὶ δυνάμεως ἐποίει τέρατα καὶ σημεῖα μεγάλα ἐν τῷ λαῷ.[2]
2. Βαρναβᾶς ἦν ἀνὴρ ἀγαθὸς καὶ πλήρης πνεύματος ἁγίου καὶ πίστεως.[3]
3. ἀγάπη ἐστι μείζων τῶν πολλῶν ἔργων ὅτι ὁ πᾶς νόμος διδάσκει ἀγάπην.
4. πᾶς ὁ πιστεύων ὅτι Ἰησοῦς ἐστιν ὁ Χριστὸς ἦλθεν ἐκ τοῦ θεοῦ.
5. οἱ πιστοὶ ζητοῦσιν τὴν ἀληθῆ δόξαν, οἱ δὲ ἄφρωνες μένουσιν ἐν σκοτίᾳ.
6. ἡ χάρις τοῦ θεοῦ ἐστιν μείζων τῆς δυνάμεως τῆς ἁμαρτίας.

---

1) μείζων은 μέγας의 비교급이며 비교 대상은 속격을 사용한다. 제29과 84를 참조하라.
2) 사도 6,8.
3) 사도 11,24.

의문대명사와 부정不定대명사, 관계대명사와 부정不定관계대명사

62 의문대명사 / 부정대명사

		의문대명사 남·여성	의문대명사 중성	부정대명사 남·여성	부정대명사 중성
단수	주	τίς	τί	τις	τι
	속	τίνος	τίνος	τινός	τινός
	여	τίνι	τίνι	τινί	τινί
	대	τίνα	τί	τινά	τι
복수	주	τίνες	τίνα	τινές	τινά
	속	τίνων	τίνων	τινῶν	τινῶν
	여	τίσι(ν)	τίσι(ν)	τισί(ν)	τισί(ν)
	대	τίνας	τίνα	τινάς	τινά

62-1 **의문대명사**

- 의문대명사 **τίς**(누구)와 **τί**(무엇)는 의문문을 형성한다.

Σὺ τίς εἶ;

당신은 누구요?(요한 1,19)

Τίς ἐστιν ἡ μήτηρ μου καὶ τίνες εἰσὶν οἱ ἀδελφοί μου;

누가 내 어머니고 누가 내 형제들이냐?(마태 12,48)

ἐκεῖνοι δὲ οὐκ ἔγνωσαν τίνα ἦν ἃ ἐλάλει αὐτοῖς.

그러나 그들은 (예수님께서) 자기들에게 이야기하시는 것이 무슨 뜻인지 깨닫지 못하였다(요한 10,6).

- 대격 τί는 '왜', '무엇 때문에'라는 의문부사로 사용된다.

Τί δειλοί ἐστε;

왜 겁을 내느냐?(마르 4,40)

περὶ ἐνδύματος τί μεριμνᾶτε;

너희는 왜 옷 걱정을 하느냐?(마태 6,28).

62-2 **부정대명사**

부정대명사 τις(어떤 이)와 τι(어떤 것)는 불특정한 대상을 가리키는 대명사다.

Εἴ τις θέλει ὀπίσω μου ἐλθεῖν, ἀπαρνησάσθω ἑαυτὸν καὶ ἀράτω τὸν σταυρὸν αὐτοῦ καὶ ἀκολουθείτω μοι.

누구든지 내 뒤를 따라오려면, 자신을 버리고 제 십자가를 지고 나를 따라야 한다(마태 16,24).

Σίμων, ἔχω σοί τι εἰπεῖν.

시몬아, 너에게 할 말이 있다(루카 7,40).

63 관계대명사 부정관계대명사

		관계대명사 남성	관계대명사 여성	관계대명사 중성	부정관계대명사 남성	부정관계대명사 여성	부정관계대명사 중성
단수	주	ὅς	ἥ	ὅ	ὅστις	ἥτις	ὅ τι
	속	οὗ	ἧς	οὗ	οὗτινος	ἧστινος	οὗτινος
	여	ᾧ	ᾗ	ᾧ	ᾧτινι	ᾗτινι	ᾧτινι
	대	ὅν	ἥν	ὅ	ὅντινα	ἥντινα	ὅ τι
복수	주	οἵ	αἵ	ἅ	οἵτινες	αἵτινες	ἅτινα
	속	ὧν	ὧν	ὧν	ὧντινων	ὧντινων	ὧντινων
	여	οἷς	αἷς	οἷς	οἷστισι	αἷστισι	οἷστισι
	대	οὕς	ἅς	ἅ	οὕστινας	ἅστινας	ἅτινα

63-1 **관계대명사**

- τ-가 빠진 관사처럼 변화한다.
- 관계대명사는 모든 변화에 강숨표와 악센트가 붙는다. 관사와 비교하라. 관사는 남성과 여성 단수 복수 주격(ὁ, ἡ, οἱ, αἱ)이 후접어로서 악센트가 붙지 않는다(제4과 13-1 참조).

63-2 **관계대명사의 용법**

- 관계대명사는 선행사의 성과 수에 일치하나 격은 다를 수 있다.

ἐγώ εἰμι ὃν ζητεῖτε·

내가 바로 너희가 찾는 사람이다(사도 10,21).

- **관계대명사의 견인**attraction 흔히 관계대명사는 선행사의 속격이나 여격에 동화되기도 한다.

περὶ πάντων ... ὧν[1] ἤρξατο ὁ Ἰησοῦς ποιεῖν.

예수님이 하려고 시작하신 모든 것에 대하여(사도 1,1).

- **관계대명사의 통합** 선행사가 관계절 안에 들어오는 경우.

ἄχρι ἧς ἡμέρας γένηται ταῦτα

이것이 일어난 그날까지(루카 1,20)

- 선행사는 필요한 경우 생략할 수 있다. 이 경우 관계대명사가 주어나 객어의 구실을 할 수 있다.

ὃν ἔχεις οὐκ ἔστιν σου ἀνήρ·

네가 가지고 있는 남자는 네 남편이 아니다(요한 4,18).

---

1) 본디는 ἅ.

- 영어와 달리 관계대명사는 선행사가 명시되었어도 결코 생략할 수 없다.

πᾶν ὃ δέδωκέν μοι

그분께서 나에게 주신 모든 것(요한 6,39)

63-3 **부정관계대명사**

- 부정관계대명사는 관계대명사에 부정대명사를 연결시킨 형태다.
- 신약성경에는 흔히 관계대명사 대신 부정관계대명사가 사용된다. 관사와 관계대명사의 혼동을 피하기 위해서인 듯하다.

ὅστις οὐ βαστάζει τὸν σταυρὸν ἑαυτοῦ καὶ ἔρχεται ὀπίσω μου, οὐ δύναται εἶναί μου μαθητής.

누구든지 제 십자가를 짊어지고 내 뒤를 따라오지 않는 사람은 내 제자가 될 수 없다(루카 14,27).

ἅτινα ἦν μοι κέρδη, ταῦτα ἥγημαι διὰ τὸν Χριστὸν ζημίαν.

나에게 이롭던 것들을, 나는 그리스도 때문에 모두 해로운 것으로 여기게 되었습니다(필리 3,7).

- 부정관계대명사와 대비시켜 위의 관계대명사는 한정限定 관계대명사라 부르며 둘의 뜻은 똑같다.

수사數詞

			남성	여성	중성
εἷς	단수	주	εἷς	μία	ἕν
하나		속	ἑνός	μιᾶς	ἑνός
		여	ἑνί	μιᾷ	ἑνί
		대	ἕνα	μίαν	ἕν
οὐδείς	단수	주	οὐδείς	οὐδεμία	οὐδέν
아무도 아니	(비교)	속	οὐδενός	οὐδεμιᾶς	οὐδενός
		여	οὐδενί	οὐδεμιᾷ	οὐδενί
		대	οὐδένα	οὐδεμίαν	οὐδέν
δύο	복수	주	δύο		
둘		속	δύο		
		여	δυσί(ν)		
		대	δύο		
τρεῖς	복수	주	τρεῖς		τρία
셋		속	τριῶν		τριῶν
		여	τρισί(ν)		τρισί(ν)
		대	τρεῖς		τρία
τέσσαρες	복수	주	τέσσαρες		τέσσαρα
넷		속	τεσσάρων		τεσσάρων
		여	τέσσαρσι(ν)		τέσσαρσι(ν)
		대	τέσσαρας		τέσσαρα

제22과

성경 본문

64 요한 1,1-11.14-18(로고스 찬가)

1 Ἐν ἀρχῇ ἦν ὁ λόγος,
καὶ ὁ λόγος ἦν πρὸς τὸν θεόν, καὶ θεὸς ἦν ὁ λόγος.
2 οὗτος ἦν ἐν ἀρχῇ πρὸς τὸν θεόν.
3 πάντα δι᾽ αὐτοῦ ἐγένετο,
καὶ χωρὶς αὐτοῦ ἐγένετο οὐδὲ ἕν.
ὃ γέγονεν 4 ἐν αὐτῷ ζωὴ ἦν,
καὶ ἡ ζωὴ ἦν τὸ φῶς τῶν ἀνθρώπων·
5 καὶ τὸ φῶς ἐν τῇ σκοτίᾳ φαίνει,[1)]
καὶ ἡ σκοτία αὐτὸ οὐ κατέλαβεν.[2)]
6 Ἐγένετο ἄνθρωπος, ἀπεσταλμένος[3)] παρὰ θεοῦ,
ὄνομα αὐτῷ Ἰωάννης·
7 οὗτος ἦλθεν εἰς μαρτυρίαν[4)] ἵνα[5)] μαρτυρήσῃ[6)] περὶ τοῦ φωτός,
ἵνα πάντες πιστεύσωσιν δι᾽ αὐτοῦ.
8 οὐκ ἦν ἐκεῖνος τὸ φῶς, ἀλλ᾽ ἵνα μαρτυρήσῃ περὶ τοῦ φωτός.

---

1) φαίνω (빛나다) 직설법 현재 능동태 3인칭 단수.
2) καταλαμβάνω (꽉 붙잡다, 깨닫다) 직설법 단순과거 능동태 3인칭 단수.
3) ἀποστέλλω (파견하다) 분사 현재완료 수동태 주격 남성 단수.
4) μαρτυρία,-ας, ἡ 증언.
5) ἵνα(…하기 위하여, …하도록)는 접속법을 요구하는 목적절 접속사이다.
6) μαρτυρέω (증언하다) 접속법 단순과거 능동태 3인칭 단수(직설법 단순과거: ἐμαρτύρησα). λύω의 접속법 현재와 단순과거의 변화는 제24과를 보라.

9 Ἦν τὸ φῶς τὸ ἀληθινόν,[7] ὃ φωτίζει[8] πάντα ἄνθρωπον,
ἐρχόμενον εἰς τὸν κόσμον.
10 ἐν τῷ κόσμῳ ἦν, καὶ ὁ κόσμος δι' αὐτοῦ ἐγένετο,
καὶ ὁ κόσμος αὐτὸν οὐκ ἔγνω.[9]
11 εἰς τὰ ἴδια[10] ἦλθεν,
καὶ οἱ ἴδιοι αὐτὸν οὐ παρέλαβον.[11]
14 Καὶ ὁ λόγος σὰρξ ἐγένετο καὶ ἐσκήνωσεν[12] ἐν ἡμῖν,
καὶ ἐθεασάμεθα[13] τὴν δόξαν αὐτοῦ,
δόξαν ὡς μονογενοῦς[14] παρὰ πατρός, πλήρης χάριτος καὶ
ἀληθείας.
15 Ἰωάννης μαρτυρεῖ περὶ αὐτοῦ καὶ κέκραγεν[15] λέγων,
Οὗτος ἦν ὃν εἶπον,
Ὁ ὀπίσω[16] μου ἐρχόμενος ἔμπροσθέν[17] μου γέγονεν,
ὅτι πρῶτός[18] μου ἦν.
16 ὅτι ἐκ τοῦ πληρώματος[19] αὐτοῦ ἡμεῖς πάντες ἐλάβομεν
καὶ χάριν ἀντὶ χάριτος·
17 ὅτι ὁ νόμος διὰ Μωϋσέως ἐδόθη,[20]

---

7) ἀληθινός,-ή,-όν 진실한.
8) φωτίζω 비추다.
9) γινώσκω (알다) 직설법 제2단순과거 능동태 3인칭 단수.
10) ἴδιος,-α,-ον 자기의, 자신의, τὰ ἴδια 고향, 소유.
11) παραλαμβάνω 받아들이다.
12) σκηνόω (살다, 거주하다) 직설법 단순과거 능동태 3인칭 단수.
13) θεάομαι (보다, 응시하다) 직설법 단순과거 중간태(이태) 1인칭 복수.
14) μονογενής(-νοῦς),-ές 오직 하나의, 유일한, 외아들의.
15) κράζω (외치다) 직설법 현재완료 능동태 3인칭 단수(현재의 의미를 지님).
16) ὀπίσω + 속격: … 뒤에(시간).
17) ἔμπροσθεν + 속격: … 앞에(품위).
18) πρῶτος + 속격: … 보다 앞선(비교급 πρότερος와 동일하게 쓰임).
19) πλήρωμα,-τος, τό 충만함.
20) δίδωμι (주다) 직설법 단순과거 수동태 3인칭 단수. δίδωμι의 변화는 제27과

ἡ χάρις καὶ ἡ ἀλήθεια διὰ Ἰησοῦ Χριστοῦ ἐγένετο.
18 θεὸν οὐδεὶς ἑώρακεν[21] πώποτε·[22]
μονογενὴς[23] θεὸς ὁ ὢν εἰς τὸν κόλπον[24] τοῦ πατρὸς ἐκεῖνος ἐξηγήσατο.[25]

를 보라.

21) ὁράω (보다) 직설법 현재완료 능동태 3인칭 단수.

22) πώποτε 이제껏 한 번도 아니.

23) μονογενής,-ές 외아들인.

24) κόλπος,-ου, ὁ 품, 가슴.

25) ἐξηγέομαι (설명하다, 계시하다) 직설법 단순과거 중간태(이태) 3인칭 단수.

65 루카 1,46-48.56(루카 복음의 마리아 찬가)

46 Καὶ εἶπεν Μαριάμ,
47 Μεγαλύνει[1] ἡ ψυχή μου τὸν κύριον,
καὶ ἠγαλλίασεν[2] τὸ πνεῦμά μου ἐπὶ τῷ θεῷ τῷ σωτῆρί
μου,
48 ὅτι ἐπέβλεψεν[3] ἐπὶ τὴν ταπείνωσιν[4] τῆς δούλης[5] αὐτοῦ.
56 Ἔμεινεν[6] δὲ Μαριὰμ σὺν αὐτῇ ὡς μῆνας[7] τρεῖς, καὶ
ὑπέστρεψεν[8] εἰς τὸν οἶκον αὐτῆς.

---

1) μεγαλύνω (찬양하다) 직설법 현재 능동태 3인칭 단수.
2) ἀγαλλιάω (흥겨워하다, 기뻐 뛰다) 직설법 단순과거 능동태 3인칭 단수.
3) ἐπιβλέπω (돌보다, 보살피다) 직설법 단순과거 능동태 3인칭 단수.
4) ταπείνωσις,-εως, ἡ 비천함.
5) δούλη,-ης, ἡ 여종.
6) μένω (머무르다) 직설법 제2단순과거 능동태 3인칭 단수.
7) μήν, μηνός, ὁ 달.
8) ὑποστρέφω (돌아가다) 직설법 단순과거 능동태 3인칭 단수.

66 마르 1,1.4.9-12(마르코 복음의 시작)

1 Ἀρχὴ τοῦ εὐαγγελίου Ἰησοῦ Χριστοῦ υἱοῦ θεοῦ.
4 ἐγένετο Ἰωάννης ὁ βαπτίζων ἐν τῇ ἐρήμῳ καὶ κηρύσσων
βάπτισμα[1] μετανοίας[2] εἰς ἄφεσιν[3] ἁμαρτιῶν.
9 Καὶ ἐγένετο ἐν ἐκείναις ταῖς ἡμέραις ἦλθεν Ἰησοῦς
ἀπὸ Ναζαρὲτ τῆς Γαλιλαίας καὶ ἐβαπτίσθη εἰς τὸν
Ἰορδάνην ὑπὸ Ἰωάννου.
10 καὶ εὐθὺς[4] ἀναβαίνων ἐκ τοῦ ὕδατος εἶδεν σχιζομένους[5]
τοὺς οὐρανοὺς καὶ τὸ πνεῦμα ὡς περιστερὰν[6] καταβαῖνον
εἰς αὐτόν·
11 καὶ φωνὴ ἐγένετο ἐκ τῶν οὐρανῶν, Σὺ εἶ ὁ υἱός μου ὁ
ἀγαπητός, ἐν σοὶ εὐδόκησα.[7]
12 Καὶ εὐθὺς τὸ πνεῦμα αὐτὸν ἐκβάλλει εἰς τὴν ἔρημον.

---

1) βάπτισμα,-ατος, τὸ 세례.
2) μετάνοια,-ας, ἡ 회개.
3) ἄφεσις,-έσεως, ἡ 용서.
4) εὐθύς,-εῖα,-ύ, ἡ 곧바로.
5) σχίζω (가르다, 쪼개다) 분사 현재 수동태 대격 남성 복수.
6) περιστερά,-ᾶς, ἡ 비둘기.
7) εὐδοκέω (…를[ἐν + 여격] 만족해하다, …를 마음에 들어하다) 직설법 단순과거 능동태 1인칭 단수.

67 마태 7,21-23

21 Οὐ πᾶς ὁ λέγων μοι, Κύριε κύριε, εἰσελεύσεται εἰς τὴν
βασιλείαν τῶν οὐρανῶν, ἀλλ' ὁ ποιῶν τὸ θέλημα τοῦ
πατρός μου τοῦ ἐν τοῖς οὐρανοῖς.
22 πολλοὶ ἐροῦσίν[1] μοι ἐν ἐκείνῃ τῇ ἡμέρᾳ, Κύριε κύριε,
οὐ τῷ σῷ ὀνόματι ἐπροφητεύσαμεν,[2] καὶ τῷ σῷ ὀνόματι
δαιμόνια ἐξεβάλομεν, καὶ τῷ σῷ ὀνόματι δυνάμεις
πολλὰς ἐποιήσαμεν;
23 καὶ τότε ὁμολογήσω[3] αὐτοῖς ὅτι Οὐδέποτε[4] ἔγνων[5] ὑμᾶς·
ἀποχωρεῖτε[6] ἀπ' ἐμοῦ οἱ ἐργαζόμενοι[7] τὴν ἀνομίαν.[8]

---

1) λέγω (말하다) 직설법 제2미래 능동태 3인칭 복수.
2) προφητεύω (예언하다) 직설법 단순과거 능동태 1인칭 복수.
3) ὁμολογέω (선언하다) 직설법 미래 능동태 1인칭 단수.
4) 결코 아니(부사).
5) γίνωσκω (알다) 직설법 제2단순과거 능동태 1인칭 단수.
6) ἀποχωρέω (떠나다) 명령법 현재 능동태 2인칭 복수.
7) ἐργάζομαι (행하다) 분사 현재 중간태(이태) 호격(주격) 남성 복수.
8) ἀνομία,-ας, ἡ 불법, 악.

자주 나오는 규칙·불규칙 동사

현재	미래	단과 능동태	단과 수동태	뜻
ἄγω	ἄξω	ἤγαγον	ἤχθην	인도하다
ἀκούω	ἀκούσω	ἤκουσα	ἠκούσθην	듣다
ἀπολύω	ἀπολύσω	ἀπέλυσα	ἀπελύθην	놓아주다
ἀποθνῄσκω	ἀποθανοῦμαι	ἀπέθανον		죽다
ἀποκρίνομαι	ἀποκρινοῦμαι	ἀπεκρινάμην	ἀπεκρίθην	대답하다
ἀποστέλλω	ἀποστελῶ	ἀπέστειλα	ἀπεστάλην	파견하다
βαίνω	βήσομαι	ἔβην		가다
ἀναβαίνω				올라가다
βάλλω	βαλῶ	ἔβαλον	ἐβλήθην	던지다
ἐκβάλλω				몰아내다
βλέπω	βλέψω	ἔβλεψα		보다
ἀναβλέπω				쳐다보다
γίνομαι	γενήσομαι	ἐγενόμην	ἐγενήθην	되다
παραγίνομαι				도착하다
γινώσκω	γνώσομαι	ἔγνων	ἐγνώσθην	알다
ἐπιγινώσκω				인식하다
διδάσκω	διδάξω	ἐδίδαξα	ἐδιδάχθην	가르치다
διώκω	διώξω	ἐδίωξα	ἐδιώχθην	박해하다
δοξάζω	δοξάσω	ἐδόξασα	ἐδοξάσθην	영광스럽게 하다
ἐπιστρέφω	ἐπιστρέψω	ἐπέστρεψα		돌아서다
ἔρχομαι	ἐλεύσομαι	ἦλθον		가다
ἀπέρχομαι				떠나가다
διέρχομαι				통과하다
ἐξέρχομαι				나가다
προσέρχομαι				…에게 오다

현재	미래	단과 능동태	단과 수동태	뜻
ἐσθίω 또는 ἔσθω	φάγομαι	ἔφαγον		먹다
ἑτοιμάζω	ἑτοιμάσω	ἡτοίμασα	ἡτοιμάσθην	준비하다
εὑρίσκω	εὑρήσω	εὗρον	εὑρέθην	발견하다, 찾다
ἔχω	ἕξω	ἔσχον		가지다
θαυμάζω	θαυμάσω/ θαυμάσομαι	ἐθαύμασα	ἐθαυμάσθην	놀라다
θέλω	θελήσω *θέλω의 미완료는 ἤθελον이다. 고전 그리스어에서 현재는 ἐθέλω였기 때문이다.	ἠθέλησα		원하다
θεραπεύω	θεραπεύσω	ἐθεράπευσα		고치다
καλέω	καλέσω	ἐκάλεσα	ἐκλήθην	부르다
κηρύσσω	κηρύξω	ἐκήρυξα	ἐκερύχθην	선포하다
λαμβάνω	λήμψομαι	ἔλαβον	ἐλήμφθην	취하다
παραλαμβάνω				받다
καταλαμβάνω				갑자기 깨닫다
ἀναλαμβάνω				들어올리다
λέγω	ἐρῶ	εἶπον	ἐρρέθην	말하다
λείπω	λείψω	ἔλιπον	ἐλείφθην	남겨두다
ὁράω	ὄψομαι	εἶδον	ὤφθην	보다
πείθω	πείσω	ἔπεισα	ἐπείσθην	설복하다
πίπτω	πεσοῦμαι	ἔπεσον		떨어지다
πιστεύω	πιστεύσω	ἐπίστευσα	ἐπισθεύθην	믿다
πορεύομαι	πορεύσομαι	ἐπορευσάμην/ ἐπορεύθην		가다
προσεύχομαι	προσεύξομαι	προσηυξάμην		기도하다
σπείρω	σπερῶ	ἔσπειρα	ἐσπάρην	(씨)뿌리다
στέλλω	στελῶ	ἔστειλα	ἐστάλην	보내다
στρέφω	στρέψω	ἔστρεψα	ἐστράφην	돌아서다
φέρω	οἴσω	ἤνεγκα	ἠνέχθην	가져가다

제2부

강독 문법

제24과

접속법

68 λύω의 접속법

- 능동태

		현재	단순과거	현재완료
단수	1	λύω	λύσω	λελύκω
	2	λύῃς	λύσῃς	λελύκῃς
	3	λύῃ	λύσῃ	λελύκῃ
복수	1	λύωμεν	λύσωμεν	λελύκωμεν
	2	λύητε	λύσητε	λελύκητε
	3	λύωσι(ν)	λύσωσι(ν)	λελύκωσι(ν)

- 중간태와 수동태

		현재 중간·수동태	단순과거 중간태	단순과거 수동태
단수	1	λύωμαι	λύσωμαι	λυθῶ
	2	λύῃ	λύσῃ	λυθῇς
	3	λύηται	λύσηται	λυθῇ
복수	1	λυώμεθα	λυσώμεθα	λυθῶμεν
	2	λύησθε	λύσησθε	λυθῆτε
	3	λύωνται	λύσωνται	λυθῶσι(ν)

68-1 접속법 활용

- 접속법 어미 활용의 원칙은 단모음 ο/ϵ가 장모음 ω/η로 바뀌고 제2시상에 접두모음이 없다는 것이다.

- 능동태 현재·단순과거·현재완료 및 수동태 단순과거는 -ω, -ῃς, -ῃ, -ωμην, -ητε, -ωσι(ν) 형태의 어미를 취하고, 중간태 현재·단순과거의 어미는 -ωμαι, -ῃ, -ηται 등의 어미를 취한다.

68-2 **접속법의 시상**

- 접속법에는 현재·단순과거·현재완료만 있고 미완료·미래·과거완료는 없다. 신약성경에는 접속법 완료형은 거의 쓰이지 않고 접속법 현재나 단순과거형이 주로 사용된다.
- 접속법의 시상은 행위의 시간과는 아무 상관이 없으며 행위나 동작 형태를 표현한다. 가령 접속법 현재는 지속적이거나 반복적인 동작을, 접속법 단순과거는 일회적 동작이나 사건을 표현한다(제3과 08 참조). 사실 접속법의 시상은 모두 가능적 또는 우연적 행위를 염두에 둔다는 점에서 미래의 시간을 가리킨다.

δεήθητε οὖν τοῦ κυρίου τοῦ θερισμοῦ ὅπως ἐκβάλῃ ἐργάτας εἰς τὸν θερισμὸν αὐτοῦ.

그러니 수확할 밭의 주인님께 일꾼들을 보내 주십사고 청하여라(마태 9,38).

68-3 **접속법의 의미**

직설법이 단순한 사실의 전달이나 진술에 쓰인다면, 접속법은 권고, 의심, 기대, 원의, 양보, 목적, 조건 등 감정이나 판단을 나타낼 때 쓰인다.

τί εἴπω ὑμῖν; ἐπαινέσω ὑμᾶς; ἐν τούτῳ οὐκ ἐπαινῶ.

내가 여러분에게 무슨 말을 해야 하겠습니까? 여러분을 칭찬해야 하겠습니까? 이 점에서는 칭찬할 수가 없습니다(1코린 11,22).

Πῶς οὖν ἐπικαλέσωνται εἰς ὃν οὐκ ἐπίστευσαν; πῶς δὲ πιστεύσωσιν οὗ οὐκ ἤκουσαν; πῶς δὲ ἀκούσωσιν χωρὶς κηρύσσοντος;

그런데 자기가 믿지 않는 분을 어떻게 받들어 부를 수 있겠습니까? 자기가 들은 적이 없는 분을 어떻게 믿을 수 있겠습니까? 선포하는 사람이 없으면 어떻게 들을 수 있겠습니까?(로마 10,14)

68-4 **접속법의 사용**

접속법은 독립절과 종속절 양쪽에 다 쓸 수 있는데, 후자의 경우 접속사와 함께 쓰인다.

1. **독립절**에 사용된 경우

Ἀγαπητοί, ἀγαπῶμεν ἀλλήλους.

사랑하는 여러분, 서로 사랑합시다(1요한 4,7).

2. **종속절**에 사용된 경우

- 목적 ἵνα와 함께

τὸν υἱὸν αὐτοῦ τὸν μονογενῆ ἀπέσταλκεν ὁ θεὸς εἰς τὸν κόσμον ἵνα ζήσωμεν δι᾽ αὐτοῦ.

하느님께서 당신의 외아드님을 세상에 보내시어 우리가 그분을 통해 살게 해 주셨습니다(1요한 4,9).

- 목적 ὅπως와 함께

Εἰς αὐτὸ τοῦτο ἐξήγειρά σε ὅπως ἐνδείξωμαι ἐν σοὶ τὴν δύναμίν μου καὶ ὅπως διαγγελῇ τὸ ὄνομά μου ἐν πάσῃ τῇ γῇ.

바로 이렇게 하려고 내가 너를 일으켜 세웠다. 곧 너에게서 내 힘을 보이고, 온 세상에 내 이름을 떨치게 하려는 것이다(로마 9,17).

- 결과 ἵνα와 함께

ἐὰν ὁμολογῶμεν τὰς ἁμαρτίας ἡμῶν, πιστός ἐστιν καὶ δίκαιος, ἵνα ἀφῇ ἡμῖν τὰς ἁμαρτίας καὶ καθαρίσῃ ἡμᾶς ἀπὸ πάσης ἀδικίας.

우리가 우리 죄를 고백하면, 그분은 성실하시고 의로우신 분이시므로 우리의 죄를 용서하시고 우리를 모든 불의에서 깨끗하게 해 주십니다(1요한 1,9).

- 조건 ἐάν과 함께

ἐάν τις φάγῃ ἐκ τούτου τοῦ ἄρτου ζήσει εἰς τὸν αἰῶνα.

누구든지 이 빵을 먹으면 영원히 살 것이다(요한 6,51).

ἐὰν ὁμολογῶμεν τὰς ἁμαρτίας ἡμῶν, πιστός ἐστιν καὶ δίκαιος, ἵνα ἀφῇ ἡμῖν τὰς ἁμαρτίας καὶ καθαρίσῃ ἡμᾶς ἀπὸ πάσης ἀδικίας.

우리가 우리 죄를 고백하면, 그분은 성실하시고 의로우신 분이시므로 우리의 죄를 용서하시고 우리를 모든 불의에서 깨끗하게 해 주십니다(1요한 1,9).

68-5 **접속법의 부정**

접속법의 부정은 μή를 쓴다.

Οὐ θέλομεν δὲ ὑμᾶς ἀγνοεῖν, ἀδελφοί, περὶ τῶν κοιμωμένων, ἵνα μὴ λυπῆσθε καθὼς καὶ οἱ λοιποὶ οἱ μὴ ἔχοντες ἐλπίδα.

형제 여러분, 죽은 이들의 문제를 여러분도 알기를 바랍니다. 그리하여 희망을 가지지 못하는 다른 사람들처럼 슬퍼하지 말라는 것입니다(1테살 4,13).

Μὴ νομίσητε ὅτι ἦλθον καταλῦσαι τὸν νόμον ἢ τοὺς προφήτας·

내가 율법이나 예언서들을 폐지하러 온 줄로 생각하지 마라(마태 5,17).

68-6 접속법 제2단순과거의 활용

접속법 제2단순과거의 기본형(직설법 제2단순과거)에서 접두모음을 제거하고 통상적으로 활용한다.

		λείπω(남겨두다)의 접속법 제2단순과거(기본형 ἔλιπον)	
		능동태	중간태
단수	1	λίπω	λίπωμαι
	2	λίπῃς	λίπῃ
	3	λίπῃ	λίπηται
복수	1	λίπωμεν	λιπώμεθα
	2	λίπητε	λίπησθε
	3	λίπωσι	λίπωνται

69 εἰμί의 접속법 현재

	단수	복수
1	ὦ	ὦμεν
2	ᾖς	ἦτε
3	ᾖ	ὦσι(ν)

εἰμί의 접속법은 현재만 쓰이는데, λύω 동사의 접속법 현재에서 λυ-를 뺀 어미와 일치한다.

εὐχόμεθα δὲ πρὸς τὸν θεὸν μὴ ποιῆσαι ὑμᾶς κακὸν μηδέν, οὐχ ἵνα ἡμεῖς δόκιμοι φανῶμεν, ἀλλ' ἵνα ὑμεῖς τὸ καλὸν ποιῆτε, ἡμεῖς δὲ ὡς ἀδόκιμοι ὦμεν.

우리는 여러분이 어떠한 악도 저지르지 않게 되기를 하느님께 기도합니다. 그렇다고 우리가 합격자임을 드러내려는 것이 아니라, 우리가 실격자처럼 보일지라도 여러분만은 선을 행하게 하려는 것입니다(2코린 13,7).

명령법

70 λύω의 명령법

• 능동태

		현재	단순과거	현재완료
단수	2	λῦε	λῦσον	λέλυκε
	3	λυέτω	λυσάτω	λελυκέτω
복수	2	λύετε	λύσατε	λελύκετε
	3	λυέτωσαν	λυσάτωσαν	λελυκέτωσαν

• 중간태와 수동태

		현재 중간·수동태	단순과거 중간태	단순과거 수동태
단수	2	λύου	λῦσαι	λύθητι
	3	λυέσθω	λυσάσθω	λυθήτω
복수	2	λύεσθε	λύσασθε	λύθητε
	3	λυεσθωσαν	λυσάσθωσαν	λυθήτωσαν

70-1 명령법의 의미

명령법은 명령이나 금령을 표현할 때 사용한다.

Ἡ παῖς, ἔγειρε.

아이야, 일어나라(루카 8,54).

70-2 명령법의 시상

명령법은 현재와 단순과거를 주로 사용하고 현재완료는 성경 그리스어에서 드물다.

70-3 **명령법의 인칭**

명령법은 2인칭과 3인칭만 있다. 권고를 담은 접속법이 일인칭 명령법을 대신할 수 있다.

ἐγείρεσθε ἄγωμεν· ἰδοὺ ὁ παραδιδούς με ἤγγικεν.

일어나 가자. 보라, 나를 팔아넘길 자가 가까이 왔다(마르 14,42).

Ἑτοιμάσατε τὴν ὁδὸν κυρίου, εὐθείας ποιεῖτε τὰς τρίβους αὐτοῦ.

너희는 주님의 길을 마련하여라. 그분의 길을 곧게 내어라(마태 3,3).

λύσατε αὐτὸν καὶ φέρετε.

그것을 풀어 끌고 오너라(마르 11,2).

ἁγιασθήτω τὸ ὄνομά σου· ἐλθέτω ἡ βασιλεία σου· γενηθήτω τὸ θέλημά σου.

아버지의 이름을 거룩히 드러내시며 아버지의 나라가 오게 하시며 아버지의 뜻이 … 이루어지게 하소서(마태 6,9-10).

70-4 **금령**

금령은 명령법과 접속법 두 가지로 표현할 수 있는데, 둘 다 부정어 μή를 동반한다.

1. 명령법의 부정

καὶ μὴ λυπεῖτε τὸ πνεῦμα τὸ ἅγιον τοῦ θεοῦ.

하느님의 성령을 슬프게 하지 마십시오(에페 4,30).

Καὶ μὴ κρίνετε, καὶ οὐ μὴ κριθῆτε· καὶ μὴ καταδικάζετε, καὶ οὐ μὴ καταδικασθῆτε. ἀπολύετε, καὶ ἀπολυθήσεσθε·

남을 심판하지 마라. 그러면 너희도 심판받지 않을 것이다. 남을 단죄하지 마라. 그러면 너희도 단죄받지 않을 것이다. 용서하여라. 그러면 너희도 용서받을 것이다(루카 6,37).

2. 접속법의 부정

Τεκνία, μὴ ἀγαπῶμεν λόγῳ μηδὲ τῇ γλώσσῃ ἀλλὰ ἐν ἔργῳ καὶ ἀληθείᾳ.

자녀 여러분, 말과 혀로 사랑하지 말고 행동으로 진리 안에서 사랑합시다(1요한 3,18).

Μὴ κτήσησθε χρυσὸν μηδὲ ἄργυρον μηδὲ χαλκὸν εἰς τὰς ζώνας ὑμῶν.

전대에 금도 은도 구리 돈도 지니지 마라(마태 10,9).

71 명령법 제2단순과거

		λείπω(남겨두다)		ὑποτάσσω(복종시키다)
		능동태	중간태	수동태
단수	2	λίπε	λιποῦ	ὑποτάγηθι
	3	λιπέτω	λιπέσθω	ὑποταγήτω
복수	2	λίπετε	λίπεσθε	ὑποτάγητε
	3	λιπέτωσαν	λιπέσθωσαν	ὑποταγήτωσαν

71-1 명령법 제2단순과거의 어미

- 명령법 제2단순과거의 능동태와 중간태는 제2단순과거 어간에 명령법 현재 어미를 붙인다. 곧 능동태의 경우 λύω의 명령법 현재 능동태를 따르고, 중간태의 경우에는 λύω의 명령법 현재 중간태를 따른다.

- 명령법 제2단순과거의 수동태는 제2단순과거 수동태 어간에 명령법 단순과거 수동태 어미(-θητι)에서 θ를 뗀 나머지를 붙인다.

ὑποτάγητε οὖν τῷ θεῷ.

그러므로 하느님께 복종하십시오(야고 4,7).

71-2 명령법 제2단순과거 중간태의 악센트

명령법 제2단순과거 중간태 단수 2인칭 λιποῦ의 불규칙한 악센트에 유의하라. 명령법 제2단순과거 능동태 단수 2인칭의 불규칙한 악센트의 예:

εἰπέ 말하라!

ἐλθέ 가라!

72 εἰμί의 명령법

	단수	복수
2	ἴσθι	ἔστε
3	ἔστω	ἔστωσαν

εἰμί의 명령법은 현재만 쓰인다.

ὕπαγε εἰς εἰρήνην καὶ ἴσθι ὑγιὴς ἀπὸ τῆς μάστιγός σου.

평안히 가거라. 그리고 병에서 벗어나 건강해져라(마르 5,34).

Ἔστωσαν ὑμῶν αἱ ὀσφύες περιεζωσμέναι καὶ οἱ λύχνοι καιόμενοι·

너희는 허리에 띠를 매고 등불을 켜 놓고 있어라(루카 12,35).

희구법

73 λύω의 희구법

• 능동태

		현재	단순과거
단수	1	λύοιμι	λύσαιμι
	2	λύοις	λύσαις
	3	λύοι	λύσαι
복수	1	λύοιμεν	λύσαιμεν
	2	λύοιτε	λύσαιτε
	3	λύοιε(ν)	λύσαιεν

• 중간태와 수동태

		현재 중간태·수동태	단순과거 중간태	단순과거 수동태
단수	1	λυοίμην	λυσαίμην	λυθείην
	2	λύοιο	λύσαι	λυθείης
	3	λύοιτο	λύσαιτο	λυθείη
복수	1	λυοίμεθα	λυσαίμεθα	λυθείημεν
	2	λύοισθε	λύσαισθε	λυθείητε
	3	λύοιντο	λύσαιντο	λυθείησαν

73-1 희구법의 의미

희구법은 접속법보다 현실에서 한 단계 더 멀리 있는 가능성이나 개연성을 표현한다. 코이네 그리스어에서는 희구법의 사용이 급격히 줄었고 그 기능을 접속법, 명령법, 직설법 미래가 대신하게 되었다. 성경에서 희구법은 대체로 원의를 나타내기 위해 사용된다.

ἔλεος ὑμῖν καὶ εἰρήνη καὶ ἀγάπη πληθυνθείη.

자비와 평화와 사랑이 여러분에게 풍성히 내리기를 빕니다(유다 2절).

χάρις ὑμῖν καὶ εἰρήνη πληθυνθείη ἐν ἐπιγνώσει τοῦ θεοῦ καὶ Ἰησοῦ τοῦ κυρίου ἡμῶν.

하느님과 우리 주 예수님을 앎으로써 은총과 평화가 여러분에게 풍성히 내리기를 빕니다(2베드 1,2).

73-2 **신약성경의 희구법 사용**

신약성경에서 희구법의 예는 모두 68번인데, 그나마 현재(23번)와 단순과거(45번)로만 나온다. 희구법은 주로 루카의 저서(루카 복음과 사도행전에 28번)와 바오로 서간(31번)에 집중되어 있다.

73-3 **희구법의 형태**

희구법은 시상의 의미가 없어 단순과거에 접두모음이 없고, 어간에 대부분 -οι-나 -αι-의 형태소를 지닌다. 신약성경에는 다음 두 가지 예가 자주 나온다.

1. γίνομαι의 희구법 단순과거 γένοιτο는 모두 17번 나오고 대부분 바오로 서간에 나타난다. 이것은 '그대로 이루어지소서'를 뜻하는 히브리어 '아멘'의 칠십인역 표준 번역이다.

Ἰδοὺ ἡ δούλη κυρίου· γένοιτό μοι κατὰ τὸ ῥῆμά σου.

보십시오, 저는 주님의 종입니다. 말씀하신 대로 저에게 이루어지기를 바랍니다(루카 1,38).

2. 17번 가운데 15번은 μὴ γένοιτο로서 '결코 그렇지 않습니다'의 의미를 지닌다.

τὸ οὖν ἀγαθὸν ἐμοὶ ἐγένετο θάνατος; μὴ γένοιτο.

그렇다면 그 선한 것이 나에게는 죽음이 되었다는 말입니까? 결코 그렇지 않습니다(로마 7,13).

74 εἰμί의 희구법

		능동태 현재
단수	1	εἴην
	2	εἴης
	3	εἴη
복수	1	εἴ(η)μεν
	2	εἴ(η)τε
	3	εἴησαν/εἶεν

신약성경에 εἰμί의 희구법은 현재 단수 3인칭 εἴη의 형태로만 12번 나오고 대부분 루카의 저서에 나타난다. 주로 간접 의문문에서 사용된다.

Τὸ ἀργύριόν σου σὺν σοὶ εἴη εἰς ἀπώλειαν.

그대는 그 돈과 함께 망할 것이오(사도 8,20).

ἐπηρώτων δὲ αὐτὸν οἱ μαθηταὶ αὐτοῦ τίς αὕτη εἴη ἡ παραβολή.

그분의 제자들은 이 비유가 도대체 무슨 뜻인지 그분께 물었다(루카 8,9).

-μι 동사

75 -μι 동사의 직설법 능동태·중간태·수동태

75-1 현재 능동태

		δίδωμι 주다	τίθημι 놓다	ἵστημι 세우다	φημί 말하다	ἵημι 시키다
단수	1	δίδωμι	τίθημι	ἵστημι	φημί*	ἵημι
	2	δίδως	τίθης	ἵστης	φής	ἵης
	3	δίδωσι(ν)	τίθησι(ν)	ἵστησι(ν)	φησί(ν)*	ἵησι
복수	1	δίδομεν	τίθεμεν	ἵσταμεν	φαμέν	ἵεμεν
	2	δίδοτε	τίθετε	ἵστατε	φατέ	ἵετε
	3	διδόασι(ν)	τιθέασι(ν)	ἵστασι(ν)	φασί(ν)*	ἱᾶσι(ν)

*는 신약성경에 나오는 형태

ἀφίημι(허락하다, 용서하다)는 ἵημι와 같이 활용하되, 신약성경에서는 직설법 능동태 복수 3인칭으로 ἀφιᾶσι(ν) 대신 ἀφίουσιν이 쓰인다(묵시 11,9).

75-2 미완료 능동태

단수	1	ἐδίδουν	ἐτίθην	ἵστην	ἔφην	ἵην
	2	ἐδίδους	ἐτίθεις	ἵστης	ἔφης	ἵεις
	3	ἐδίδου	ἐτίθει	ἵστη	ἔφη*	ἵει
복수	1	ἐδίδομεν	ἐτίθεμεν	ἵσταμεν	ἔφαμεν	ἵεμεν
	2	ἐδίδοτε	ἐτίθετε	ἵστατε	ἔφατε	ἵετε
	3	ἐδίδοσαν	ἐτίθεσαν	ἵστασαν	ἔφασαν	ἵεσαν

*는 신약성경에 나오는 형태

75-3 단순과거 능동태

단수	1	ἔδωκα	ἔθηκα	ἔστην*	-	ἧκα
	2	ἔδωκας	ἔθηκας	ἔστης	-	ἧκας
	3	ἔδωκε(ν)	ἔθηκε(ν)	ἔστη	-	ἧκε
복수	1	ἐδώκαμεν	ἐθήκαμεν	ἔστημεν	-	ἥκαμεν / εἶμεν
	2	ἐδώκατε	ἐθήκατε	ἔστητε	-	ἥκατα / εἶτε
	3	ἔδωκαν	ἔθηκαν	ἔστησαν	-	ἧκαν / εἶσαν

* 제2단순과거; - 신약성경에 나오지 않음

75-4 현재 중간태·수동태

단수	1	δίδομαι	τίθεμαι	ἵσταμαι	-	ἵεμαι
	2*	δίδοσαι	τίθεσαι	ἵστασαι	-	ἵεσαι
	3	δίδοται	τίθεται	ἵσταται	-	ἵεται
복수	1	διδόμεθα	τιθέμεθα	ἱστάμεθα	-	ἱέμεθα
	2	δίδοσθε	τίθεσθε	ἵστασθε	-	ἵεσθε
	3	δίδονται	τίθενται	ἵστανται	-	ἵενται

* 단수 2인칭에서는 사라졌던 σ가 다시 나타난다(제11과 36-1 참조).

75-5 미완료 중간태·수동태

단수	1	ἐδιδόμην	ἐτιθέμην	ἱστάμην	-	ἱέμην
	2*	ἐδίδοσο	ἐτίθεσο	ἵστασο	-	ἵεσο
	3	ἐδίδοτο	ἐτίθετο	ἵστατο	-	ἵετο
복수	1	ἐδιδόμεθα	ἐτιθέμεθα	ἱστάμεθα	-	ἱέμεθα
	2	ἐδίδοσθε	ἐτίθεσθε	ἵστασθε	-	ἵεσθε
	3	ἐδίδοντο	ἐτίθεντο	ἵσταντο	-	ἵεντο

* 단수 2인칭에서는 사라졌던 σ가 다시 나타난다(제12과 38 참조).

75-6 단순과거 중간태

단수	1	ἐδόμην	ἐθέμην	-	-	εἵμην
	2	ἔδου	ἔθου	-	-	εἷσο
	3	ἔδοτο	ἔθετο	-	-	εἷτο
복수	1	ἐδόμεθα	ἐθέμεθα	-	-	εἵμεθα
	2	ἔδοσθε	ἔθεσθε	-	-	εἷσθε
	3	ἔδοντο	ἔθεντο	-	-	εἷντο

75-7 단순과거 수동태

-μι동사의 단순과거 수동태의 기본 구조는 λύω동사와 같다. 다만 변화시 어간이 각각 δο, θε, στα, ἑ가 사용된다.

단수	1	ἐδόθην	ἐτέθην*	ἐστάθην	-	ἕθην

* 어간 θε가 뒤에 오는 θ 때문에 τε로 변한다.

75-8 미래 능동태·중간태·수동태

-μι동사의 미래 직설법은 λύω동사의 미래 직설법과 같다. 다만 미래 변화시 동사 어간이 각각 δο, θε, στα, ἑ가 사용된다.

능	단	1	δώσω	θήσω	στήσω	-	ἥσω
중	단	1	δώσομαι	θήσομαι	στήσομαι	-	ἥσομαι
수	단	1	δοθήσομαι	τεθήσομαι	σταθήσομαι	-	ἑθήσομαι

76 -μι 동사의 접속법 능동태

76-1 현재

단수	1	διδῶ	τιθῶ	ἱστῶ	φῶ	ἱω
	2	διδῷς	τιθῇς	ἱστῇς	φῇς	ἱῇς
	3	διδῷ	τιθῇ	ἱστῇ	φῇ	ἱῇ
복수	1	διδῶμεν	τιθῶμεν	ἱστῶμεν	φῶμεν	ἱῶμεν
	2	διδῶτε	τιθῆτε	ἱστῆτε	φῆτε	ἱῆτε
	3	διδῶσι(ν)	τιθῶσι(ν)	ἱστῶσι(ν)	φῶσι	ἱῶσι

76-2 단순과거*

단수	1	δῶ	θῳ	στῶ	-	ὧ
	2	δῷς	θῇς	στῇς	-	ἧς
	3	δῷ	θῇ	στῇ	-	ᾗ
복수	1	δῶμεν	θῶμεν	στῶμεν	-	ὧμεν
	2	δῶτε	θῆτε	στῆτε	-	ἧτε
	3	δῶσι(ν)	θῶσι(ν)	στῶσι(ν)	-	ὧσι

* 현재 접속법에서 첫 음절을 빼면 단순과거 분사가 된다.

77 -μι 동사의 명령법 능동태

77-1 현재

단수	2	δίδου	τίθει	ἵστη	φάθι	ἵει
	3	διδότω	τιθέτω	ἱστάτω	φάτω	ἱέτω
복수	2	δίδοτε	τίθετε	ἵστατε	φάτε	ἵετε
	3	διδότωσαν	τιθέτωσαν	ἱστάτωσαν	φάντων	ἱέντων

77-2 단순과거

단수	2	δός	θές	στῆθι	-	ἕς
	3	δότω	θέτω	στήτω	-	ἕτω
복수	2	δότε	θέτε	στῆτε	-	ἕτε
	3	δότωσαν	θέτωσαν	στήτωσαν	-	ἕντων

78 -μι 동사의 부정사 능동태

78-1 현재

διδόναι	τιθέναι	ἱστάναι	φάναι	ἱέναι

78-2 단순과거*

δοῦναι	θεῖναι	στῆναι	-	εἶναι

* 현재 부정사에서 첫 음절을 빼고 둘째 음절을 길게 하면 단순과거 부정사가 된다.

79 -μι 동사의 분사 능동태

79-1 현재

남성	주	διδούς	τιθείς	ἱστάς	φάς	ἱείς
	속	διδόντος	τιθέντος	ἱστάντος	φάντος	ἱέντος
여성	주	διδοῦσα	τιθεῖσα	ἱστᾶσα	φᾶσα	ἱεῖσα
	속	διδούσης	τιθείσης	ἱστάσης	φάσης	ἱείσης
중성	주	διδόν	τιθέν	ἱστάν	φάν	ἱέν
	속	διδόντος	τιθέντος	ἱστάντος	φάντος	ἱέντος

79-2 단순과거*

남	주	δούς	θείς	στάς	-	εἷς
	속	δόντος	θέντος	στάντος	-	ἕντος
여	주	δοῦσα	θεῖσα	στᾶσα	-	εἷσα
	속	δούσης	θείσης	στάσης	-	εἵσης
중	주	δόν	θέν	στάν	-	ἕν
	속	δόντος	θέντος	στάντος	-	ἕντος

* 현재 분사에서 첫 음절을 빼면 단순과거 분사가 된다.

80 εἶμι(가다) 동사

직설법		현재	미완료
단수	1	εἶμι	ᾔειν
	2	εἶ	ᾔεις
	3	εἶσι	ᾔει
복수	1	ἴμεν	ᾖμεν
	2	ἴτε	ᾖτε
	3	ἴασι(ν)	ᾔεσαν

- εἶμι동사는 능동태 현재와 미완료만 있다.
- εἰμί(…이다) 동사와 혼동하지 않도록 주의.

- 부정사 현재 능동태 ἰέναι

- 분사 현재 능동태

		남성	여성	중성
단수	주	ἰών	ἰοῦσα	ἰόν
	속	ἰόντος	ἰούσης	ἰόντος
	여		ἰούσῃ	
복수	속	ἰόντων		

βαίνω와 γινώσκω의 제2단순과거

81 βαίνω와 γινώσκω의 제2단순과거 능동태

시상어간에 장모음 η,ω가 나타난다.

81-1 직설법 단순과거

		βαίνω 가다	γινώσκω 알다
단수	1	ἔβην	ἔγνων
	2	ἔβης	ἔγνως
	3	ἔβη	ἔγνω
복수	1	ἔβημεν	ἔγνωμεν
	2	ἔβητε	ἔγνωτε
	3	ἔβησαν	ἔγνωσαν

81-2 접속법 단순과거

단수	1	βῶ	γνῶ
	2	βῇς	γνῷς
	3	βῇ	γνῷ / γνοῖ
복수	1	βῶμεν	γνῶμεν
	2	βῆτε	γνῶτε
	3	βῶσι(ν)	γνῶσι(ν)

81-3 명령법 단순과거

단수	2	βῆθι / βᾶθι	γνῶθι
	3	βάτω	γνώτω
복수	2	βῆτε / βᾶτε	γνῶτε
	3	βήτωσαν	γνώτωσαν

81-4 부정사 단순과거

	βῆναι	γνῶναι

81-5 분사 단순과거

		남성	여성	중성	남성	여성	중성
단수	주	βάς	βᾶσα	βάν	γνούς	γνοῦσα	γνόν
	속	βάντος	βάσης	βάντος	γνόντος	γνούσης	γνόντος
	여	βάντι	βάσῃ	βάντι	γνόντι	γνούσῃ	γνόντι
	대	βάντα	βάσαν	βάν	γνόντα	γνούσαν	γνόν
복수	주	βάντες	βάσαι	βάντα	γνόντες	γνούσαι	γνόντα
	속	βάντων	βασῶν	βάντων	γνόντων	γνουσῶν	γνόντων
	여	βᾶσι	βάσαις	βᾶσι	γνοῦσι	γνούσαις	γνοῦσι
	대	βάντας	βάσας	βάντα	γνόντας	γνούσας	γνόντα

형용사 제3변화 보충, 형용사의 비교급과 최상급

82 형용사 제3변화

82-1 남성, 여성, 중성 모두 제3변화

		남성	여성	중성	
단수	주	ἄφρων		ἄφρον	미련한
	속	ἄφρονος		ἄφρονος	
	여	ἄφρονι		ἄφρονι	
	대	ἄφρονα		ἄφρον	
복수	주	ἄφρονες		ἄφρονα	
	속	ἀφρόνων		ἀφρόνων	
	여	ἄφροσι(ν)		ἄφροσι(ν)	
	대	ἄφρονας		ἄφρονα	

ἀπάτωρ(-τορος), ἀπάτορ(아버지 없는),
σώφρων(-ρονος), σώφρον(현명한)도 ἄφρων처럼 변화한다.

단수	주	ἄρσην	ἄρσεν	남성의
	속	ἄρσενος	ἄρσενος	
	여	ἄρσενι	ἄρσενι	
	대	ἄρσενα	ἄρσεν	
복수	주	ἄρσενες	ἄρσενα	
	속	ἀρσένων	ἀρσένων	
	여	ἄρσεσι(ν)	ἄρσεσι(ν)	
	대	ἄρσενας	ἄρσενας	

▶ 남성과 여성의 형태가 같고 중성은 다르다.

82-2 남성과 중성은 제3변화, 여성은 제1변화

		남성	여성	중성	
단수	주	μέλας	μέλαινα	μέλαν	검은
	속	μέλανος	μελαίνης	μέλανος	
	여	μέλανι	μελαίνῃ	μέλανι	
	대	μέλαν	μέλαιναν	μέλαν	
복수	주	μέλανες	μέλαιναι	μέλανα	
	속	μελάνων	μελαινῶν	μελάνων	
	여	μέλασι(ν)	μελαίναις	μέλασι(ν)	
	대	μέλανας	μελαίνας	μέλανα	

단수	주	ὀξύς	ὀξεῖα	ὀξύ	예리한
	속	ὀξέως	ὀξείας	ὀξέως	
	여	ὀξεῖ	ὀξείᾳ	ὄξεῖ	
	대	ὀξύν	ὀξεῖαν	ὀξύ	
복수	주	ὀξεῖς	ὀξεῖαι	ὀξέα	
	속	ὀξέων	ὀξειῶν	ὀξέων	
	여	ὀξέσι(ν)	ὀξείαις	ὀξέσι(ν)	
	대	ὀξεῖς	ὀξείας	ὀξέα	

▶ 남성, 여성, 중성의 형태가 각각 다 다르다.

- ὀξύς처럼 변화하는 형용사는 신약성경에서 모두 마지막 음절에 악센트가 온다. 그러나 θῆλυς, -εια, -υ(여성의)는 예외다.
- 형용사 제3변화는 제19과를 참조하라.

83 형용사의 비교급과 최상급 형성

83-1 형용사의 비교급

규칙 변화		ἰσχυρός, -α, -ον(강한)의 비교급			
		남성	여성	중성	
단수	주	ἰσχυρότερος	ἰσχυροτέρα	ἰσχυρότερον	더 강한
	속	ἰσχυροτέρου	ἰσχυροτέρας	ἰσχυροτέρου	
	여	ἰσχυροτέρῳ	ἰσχυροτέρᾳ	ἰσχυροτέρῳ	
	대	ἰσχυρότερον	ἰσχυροτέραν	ἰσχυρότερον	
복수	주	ἰσχυρότεροι	ἰσχυρότεραι	ἰσχυρότερα	
	속	ἰσχυροτέρων	ἰσχυροτέρων	ἰσχυροτέρων	
	여	ἰσχυροτέροις	ἰσχυροτέραις	ἰσχυροτέροις	
	대	ἰσχυροτέρους	ἰσχυροτέρας	ἰσχυρότερα	

불규칙 변화		πολύς, πολλή, πολύ(많은)의 비교급		
		남·여성	중성	
단수	주	πλείων	πλεῖον	더 많은
	속	πλείονος	πλείονος	
	여	πλείονι	πλείονι	
	대	πλείονα / πλείω	πλεῖον	
	호	πλεῖον	πλεῖον	
복수	주	πλείονες / πλείους	πλείονα / πλείω	
	속	πλειόνων	πλειόνων	
	여	πλείοσι(ν)	πλείοσι(ν)	
	대	πλείονας / πλείους	πλείονα / πλείω	

- 형용사의 비교급은 원급 어간에 -τερος, -α, -ον을 붙여 제1·2변화로 변화하거나(규칙 변화), -(ι)ων, -(ι)ον을 붙여 제3변화로 변화한다(대개 불규칙).
- πλείων, -ον은 형용사 제3변화 ἄφρων처럼 변화한다.
- μεγάς의 비교급 μείζων, -ον도 πλείων, -ον처럼 변화한다.

83-2 **형용사의 최상급**

형용사의 최상급은 원급 어간에 -τατος, -η, -ον 또는 -ιστος, -η, -ον을 붙여 제1·2변화로 변화한다(제6과 참조).

ἰσχυρός의 최상급	ἰσχυρότατος,	-η,	-ον
πολύς의 최상급	πλεῖστος,	-η,	-ον
μεγάς의 최상급	μέγιστος,	-η,	-ον

83-3 **특이한 형태**

어떤 형용사는 비교급과 최상급이 원급과 전혀 다른 형태로 나타난다.

ἀγαθός, ἀμείνων, ἄριστος(칠십인역에만 나옴).

또는 ἀγαθός, κρείσσων, κράτιστος

84 형용사의 비교급 용례

84-1 **비교급을 사용한 경우**

- 비교급을 불변화사 ἤ나 전치사 παρά, ἀπό와 함께 사용한다.

Ἰησοῦς πλείονας μαθητὰς ποιεῖ καὶ βαπτίζει ἢ Ἰωάννης.

예수님은 요한보다 더 많은 제자를 만드시고 세례 주셨다(요한 4,1).

Μηδὲν πλέον παρὰ τὸ διατεταγμένον ὑμῖν πράσσετε.

정해진 것보다 더 요구하지 마라(루카 3,13).

• 비교급을 다른 낱말 속격과 함께 사용한다.

μείζονα τούτων δείξει αὐτῷ ἔργα.

그분께서는 그에게 이것들보다 더 큰 일을 보여 주실 것이다(요한 5,20).

84-2 비교급을 대신하는 원급

원급을 불변화사 ἤ나 전치사 παρά, ἀπό와 함께 사용하여 비교급을 표현한다.

καλόν ἐστίν σε εἰσελθεῖν εἰς τὴν ζωὴν χωλὸν ἢ τοὺς δύο πόδας ἔχοντα βληθῆναι εἰς τὴν γέενναν.

두 발을 가지고 지옥에 떨어지는 것보다 다리 절며 생명에 들어가는 것이 너에게 더 낫다(마르 9,45).

이는 셈어 영향이다.
히브리어에서는 비교급이 없고 원급을 '전치사 מִן + 비교 대상'과 함께 사용한다.

84-3 최상급을 사용한 경우

최상급 낱말을 비교급으로 사용한다.

πρῶτός μου ἦν.

그분은 나보다 앞서신 분이었다(요한 1,15).

85 형용사의 최상급 용례

85-1 속격과 함께

최상급을 다른 낱말 속격과 함께 사용한다.

ἐγὼ γάρ εἰμι ὁ ἐλάχιστος τῶν ἀποστόλων.

나는 과연 사도들 가운데 가장 작은 자입니다(1코린 15,9).

85-2 **최상급을 대신하는 원급**

- 원급을 ἐν + 여격과 함께 사용한다.

εὐλογημένη σὺ ἐν γυναιξίν.

여인들 가운데 가장 복되십니다(루카 1,42).

이는 셈어 영향이다.

히브리어에서는 최상급이 없고 원급을 '전치사 בְּ + 비교 대상'과 함께 사용한다.

- 원급을 τῷ θεῷ와 함께 사용한다.

ἀστεῖος τῷ θεῷ

아주 잘 생긴(사도 7,20)

이는 셈어 영향이다.

히브리어는 원급을 '전치사 לְ + אֱלֹהִים'과 함께 사용하여 최상급을 나타낸다.

부사

86 부사의 형성

그리스어 부사는 명사와 형용사 또는 분사에서 만드는데, 어떤 격도 가능하다.

86-1 보통은 남성 복수 속격 어미 -ων을 -ως로 바꾼다.

καλῶς 좋게, 잘 ἀληθῶς 진실로
ὄντως 실제로 πάντως 온갖 방법으로, 틀림없이
ἄλλως 다르게

86-2 중성 단수 대격

πρῶτον 처음에 σήμερον 오늘
αὔριον 내일 μᾶλλον 더, 더욱, 오히려

86-3 중성 복수 대격

πολλά 많이 τάχα 아마도
μάλιστα 무엇보다

86-4 여성 단수 대격

δωρεάν 공짜로 μακράν 멀리
ἀκμήν 아직, 여태

86-5 남성 단수 주격

ἐγγύς 가까이 εὐθύς 곧바로, 그러고 나서
ἅπαξ 단 한 번

86-6 여성 단수 여격

λάθρᾳ 비밀리에 πεζῇ 발로 πάντῃ 모든 곳에, 사방에

86-7 **기타 어미**

ἐκεῖθεν 거기서부터 σχεδόν 거의

Ἑλληνιστί 그리스어로

87 부사의 비교급과 최상급

87-1 **부사의 비교급**

부사의 비교급은 주로 형용사 비교급의 중성 단수 대격이다.

τάχιον 더 빨리 ἔλαττον 더 적게

περισσότερον 더 많이

Ὃ ποιεῖς ποίησον τάχιον.

네가 하려는 일을 어서 하여라(요한 13,27).

αὐτοὶ μᾶλλον περισσότερον ἐκήρυσσον.

그들은 더욱더 널리 알렸다(마르 7,36).

87-2 **부사의 최상급**

부사의 최상급은 보통 형용사 최상급의 복수 중성 대격이다.

τάχιστα 가장 빨리 ἥδιστα 가장 기쁘게

ἥδιστα οὖν μᾶλλον καυχήσομαι ἐν ταῖς ἀσθενείαις μου.

더없이 기쁘게 나의 약점을 자랑하렵니다(2코린 12,9).

87-3 **원급·비교급·최상급**

- 부사가 원급, 비교급, 최상급을 두루 갖춘 예는 성경 그리스어에서 그리 흔하지 않다.
- 예외: σοφῶς, σοφώτερον, σοφώτατα

  지혜롭게, 더 지혜롭게, 가장 지혜롭게

제31과

명령과 금령

88 명령

88-1 단순과거

명령법 단순과거는 단순한 일회적 명령을 뜻한다.

δός μοι πεῖν.

마실 것을 나에게 다오(요한 4,7).

88-2 현재

명령법 현재는 반복 또는 지속적 명령을 뜻한다.

χαίρετε ἐν κυρίῳ πάντοτε.

주님 안에서 언제나 기뻐하시오(필리 4,4).

88-3 현재완료

명령법 현재완료는 결정적 또는 항구적 명령을 뜻한다.

πεφίμωσο.

잠잠히 있어라(마르 4,39).

88-4 ἵνα + 접속법

ἵνα + 접속법을 이용하여 명령을 나타낼 수 있다.

ἡ δὲ γυνὴ ἵνα φοβῆται τὸν ἄνδρα.

아내는 남편을 존경해야 합니다(에페 5,33).

89 금령

89-1 현재의 금령

μή + 명령법 현재는 이미 진행되고 있는 행위를 그만두게 하는 금령이다.

μὴ φοβοῦ, Μαριάμ.

두려워하는 것을 멈추어라, 마리아(루카 1,30).

μὴ γάρ τις ὑμῶν πασχέτω ὡς φονεὺς ἢ κλέπτης ἢ κακοποιὸς ἢ ὡς ἀλλοτριεπίσκοπος·

여러분 가운데 아무도 살인자나 도둑이나 악한이나 모략꾼으로서 고난을 겪어서는 안 됩니다 (1베드 4,15).

89-2 미래의 금령

μή + 접속법 단순과거는 미래의 행위를 못하게 하는 금령이다.

Ἰωσήφ, μὴ φοβηθῇς.

두려워하지 마라, 요셉(마태 1,20).

ἀλλ' εἰ καὶ πάσχοιτε διὰ δικαιοσύνην, μακάριοι. τὸν δὲ φόβον αὐτῶν μὴ φοβηθῆτε μηδὲ ταραχθῆτε.

그러나 의로움 때문에 고난을 겪는다 하여도 여러분은 행복합니다. 사람들이 여러분을 두렵게 하여도 두려워하지 말고 무서워하지 마십시오(1베드 3,14).

제32과

조건문과 부정否定 의문문

90 조건문

조건문은 가정을 나타내는 전제절(protasis)과 그 가정의 결과를 나타내는 귀결절(apodosis)로 이루어진다. 조건문은 크게 보아 다음 네 가지로 나눌 수 있다.

종류	전제절	귀결절
단순 조건	1. εἰ(또는 ἐάν) + 직설법 현재 또는 단순과거 부정: οὐ	모든 법과 시상 가능
	2. εἰ + 직설법 미래 부정: οὐ	보통 직설법 미래
사실과 반대	εἰ + 직설법 제2시상(미완료·단순과거·과거완료) 부정: μή	ἄν(생략가능) + 직설법 제2시상 부정: οὐ
개연성 높은 미래	ἐάν + 접속법 현재 또는 단순과거 또는 미래 부정: μή	직설법 미래나 현재 또는 명령법
개연성 낮은 미래	εἰ + 희구법 부정: οὐ	ἄν + 희구법

90-1 단순 조건문(제1유형)

1.

전제절(직설법)	귀결절
εἰ(또는 ἐάν) + 직설법 현재 또는 단순과거 부정: οὐ	모든 법과 시상 가능

- 가장 일반적인 조건문으로 조건의 실제성을 전제로 한다. 대개 현재나 과거에 대한 조건을 나타낸다.
- 신약성경에 300여 개 나온다.

εἰ τις πνεῦμα Χριστοῦ οὐκ ἔχει, οὗτος οὐκ ἔστιν αὐτοῦ.

누구든지 그리스도의 영을 모시고 있지 않으면, 그는 그분께 속한 사람이 아닙니다(로마 8,9).

τί οὖν βαπτίζεις εἰ σὺ οὐκ εἶ ὁ Χριστός;

당신이 그리스도가 아니라면 왜 세례를 주는 거요?(요한 1,25)

2.

전제절(직설법)	귀결절
εἰ + 직설법 미래	보통 직설법 미래
부정: οὐ	

- 결코 일어나지 않을 것 같은 미래의 일을 상정한다. 혹시라도 그런 일이 일어났을 경우에 대한 조건이라서 대개 격한 감정이 실린다.

εἰ πάντες σκανδαλισθήσονται ἐν σοί, ἐγὼ οὐδέποτε σκανδαλισθήσομαι.

모두 당신(스승님)에게서 떨어져 나갈지라도, 저는 결코 떨어져 나가지 않을 것입니다(마태 26,33).

90-2 **사실과 반대되는 조건문(제2유형)**

전제절(직설법)	귀결절
εἰ + 직설법 제2시상(미완료·단순과거·과거완료)	ἄν(생략가능) + 직설법 제2시상
부정: μή	부정: οὐ

- 전제절의 조건이 진실, 또는 사실이 아님을 전제로 한다.
- 대개 현재나 과거의 사실과 반대되는 조건을 나타낸다.
- 신약성경에 50여 개 나온다.

εἰ ἔτι ἀνθρώποις ἤρεσκον, Χριστοῦ δοῦλος οὐκ ἂν ἤμην.

내가 아직도 사람들의 비위를 맞추려고 하는 것이라면(물론 아니다), 나는 더 이상 그리스도의 종이 아닐 것입니다(갈라 1,10).

Κύριε, εἰ ἦς ὧδε οὐκ ἂν ἀπέθανεν ὁ ἀδελφός μου.

주님, 당신께서 여기 계셨더라면(분명히 계시지 않았다), 제 오빠가 죽지 않았을 것입니다(요한 11,21).

εἰ ἐκ τοῦ κόσμου ἦτε, ὁ κόσμος ἂν τὸ ἴδιον ἐφίλει·

너희가 세상에 속한다면 세상은 너희를 자기 사람으로 사랑할 것이다(요한 15,19).

90-3 개연성이 높은 미래 조건문(제3유형)

전제절(접속법)	귀결절
ἐάν(εἰ + ἄν) + 접속법 현재 또는 단순과거 또는 미래	(일반적으로) 직설법 미래나 현재 또는 명령법
부정: μή	

- 미래에 대한 조건문으로, 이루어질 가능성이 높음을 전제한다(접속법이 사용된 조건문은 전망이 미래 사건을 향한다).
- 접속법의 의미와 시상에 대해서는 제24과 68-2; 68-3을 보라.
- 신약성경에 300여 개 나온다.

ἐὰν ἄλλος ἔλθῃ ἐν τῷ ὀνόματι τῷ ἰδίῳ, ἐκεῖνον λήμψεσθε.

자기 이름으로 오면, 너희는 그를 받아들일 것이다(요한 5,43).

ταῦτά σοι πάντα δώσω, ἐὰν πεσὼν προσκυνήσῃς μοι.

당신이 엎드려 나에게 경배하면 이 모든 것을 당신에게 주겠소(마태 4,9).

ἐὰν μή τις γεννηθῇ ἄνωθεν, οὐ δύναται ἰδεῖν τὴν βασιλείαν τοῦ θεοῦ.

누구든지 위로부터 태어나지 않으면, 하느님의 나라를 볼 수 없다(요한 3,3).

90-4 개연성이 낮은 미래 조건문(제4유형)

전제절(희구법)	귀결절
εἰ + 희구법	ἄν + 희구법
부정: οὐ	

- 이루어질 가능성이 매우 낮음을 전제한다.
- 희구법의 의미에 대해서는 제26과 73-1을 보라.
- 온전한 형태의 제4유형은 신약성경에는 나오지 않는다.

ἀλλ᾽ εἰ καὶ πάσχοιτε διὰ δικαιοσύνην, μακάριοι.

그러나 의로움 때문에 고난을 겪는다 하여도 여러분은 행복합니다(1베드 3,14).

91 부정 의문문

부정 의문문은 부정어 μή나 οὐ가 포함된 의문문으로, 대개 긍정 또는 부정의 대답을 미리 예상하는 경우에 사용된다.

91-1 부정의 예상

부정을 예상하는 부정 의문문의 경우 μή를 사용한다.

μὴ φύλαξ τοῦ ἀδελφοῦ μού εἰμι ἐγώ;

내가 내 동생을 지키는 사람이란 말입니까?(칠십인역 창세 4,9)

91-2 긍정의 예상

긍정을 예상하는 부정 의문문의 경우 οὐ(οὐκ, οὐχ, οὐχί)를 사용한다.

οὐχὶ ἡ ψυχὴ πλεῖόν ἐστιν τῆς τροφῆς καὶ τὸ σῶμα τοῦ ἐνδύματος;

목숨이 음식보다 더 중하고 몸이 옷보다 더 중하지 않느냐?(마태 6,25)

직접화법과 간접화법

신약성경과 코이네 그리스어에서는 직접화법을 선호하고 간접화법은 그리 많이 나오지 않는다.

92 직접화법

직접화법은 누군가의 말이나 생각을 있는 그대로 인용하는 경우다. 인용문은 아무 연결사 없이 혹은 ὅτι 뒤에 이어서 쓴다.

ἰδοὺ ἄρχων εἷς ἐλθὼν προσεκύνει αὐτῷ λέγων ὅτι Ἡ θυγάτηρ μου ἄρτι ἐτελεύτησεν·

한 회당장이 와서 예수님께 엎드려 절하며, "제 딸이 방금 죽었습니다." 하고 말하였다(마태 9,18).

93 간접화법

직접화법을 화자의 시점으로 옮겨 표현하는 것을 간접화법이라 한다. 직접화법을 간접화법으로 전환하는 경우 시상, 법, 인칭의 변화에 유의해야 한다.

93-1 시상

간접화법의 동사는 주절의 시상과 상관없이 직접화법의 본디 시상을 그대로 유지한다.

ἄλλοι ἔλεγον ὅτι οὗτός ἐστιν.

다른 이들이 저 사람이라고 말하였다(요한 9,9).

93-2 법

- 신약성경에서는 간접화법으로 전환된 경우 직접화법에서의 법이 유지된다.

οἱ πρῶτοι ἐνόμισαν ὅτι πλεῖον λήμψονται·

맨 먼저 온 이들은 자기들은 더 받으려니 생각하였다(마태 20,10).

μὴ μεριμνᾶτε τῇ ψυχῇ ὑμῶν τί φάγητε ἢ τί πίητε.

목숨을 부지하려고 무엇을 먹을까, 무엇을 마실까 걱정하지 마라(마태 6,25).

- 고전 그리스어에서는 직접화법의 직설법과 접속법이 간접화법에서 희구법으로 바뀐다. 이런 경우가 신약성경에서는 루카 복음과 사도행전에서 세 번 발견된다(루카 3,15; 22,23; 사도 25,16).

αὐτοὶ ἤρξαντο συζητεῖν πρὸς ἑαυτοὺς τὸ τίς ἄρα εἴη ἐξ αὐτῶν.

그들은 자기들 가운데서 도대체 그가 누구일까 서로에게 묻기 시작하였다(루카 22,23).

93-3 인칭

간접화법의 인칭은 인용구의 주어가 화자와 어떤 관계에 있는가에 달려 있다. 화자가 자기 말을 인용할 때에는 간접화법의 인칭이 안 바뀐다. 제삼자의 말을 인용할 때에는 3인칭으로 바뀌고 자기 말을 듣고 있는 당사자의 말을 인용할 때에는 2인칭으로 바뀐다.

οὐ γὰρ ᾔδει τί ἀποκριθῇ.

그(베드로)는 자기가 무엇이라고 대답해야 할지 몰랐다(마르 9,6).

94 간접화법의 유형

94-1 간접 진술

- ὅτι + 직설법

λέγω δὲ ὑμῖν ὅτι τοῦ ἱεροῦ μεῖζόν ἐστιν ὧδε.

내가 너희에게 성전보다 더 큰 이가 여기에 있다고 말한다(마태 12,6).

- **부정사와 함께** 부정사의 의미상 주어는 대격이 쓰인다(제12과 39-2 참조).

οἵ λέγουσιν αὐτὸν ζῆν.

그들은 그분께서 살아 계시다고 말합니다(루카 24,23).

- **분사와 함께** 간접화법에 쓰이는 분사의 의미상 주어는 대격이 쓰인다(제18과 59 독립 속격 용법과 비교).

ἀκούομεν γάρ τινας περιπατοῦντας ἐν ὑμῖν ἀτάκτως.

듣자 하니 여러분 가운데 무질서하게 돌아다니는 자들이 있다 합니다(2테살 3,11).

94-2 **간접 의문**

일반적으로 의문사 τίς나 τί, 또는 관계대명사나 부사와 함께 나타난다.

ἦλθον ἰδεῖν τί ἐστιν τὸ γεγονός.

그들은 무슨 일이 일어났는지 보러 왔다(마르 5,14).

94-3 **간접 명령**

- 부정사와 함께

τῷ Παύλῳ ἔλεγον μὴ ἐπιβαίνειν εἰς Ἱεροσόλυμα.

그들은 바오로에게 예루살렘에 올라가지 말라고 거듭 이야기하였다(사도 21,4).

- ἵνα / ὅπως + 접속법

παρήγγειλεν αὐτοῖς ἵνα μηδὲν αἴρωσιν εἰς ὁδόν.

그분은 그들에게 길을 떠날 때 아무것도 가져가지 말라고 명령하셨다(마르 6,8).

제34과

명사 각 격의 독립 용법

명사 각 격은 특별한 의미를 담아 예외 또는 독립적으로 사용할 수 있다. 아래에 몇 가지 두드러진 예들을 소개한다.

95 주격

95-1 호격용 주격

- 이 경우 대부분 관사와 함께 쓰인다. 호격에는 관사가 붙지 않는다.

Ἡ παῖς, ἔγειρε.

아이야, 일어나라(루카 8,54).

- 호격과 주격이 같이 나오는 경우도 있다.

ὦ ἄνθρωπε ὁ κρίνων.

아, 심판하는 사람아!(로마 2,1)

95-2 절대 주격

문법적으로 문장의 다른 요소들과 아무런 관계 없이 독립적으로 쓰인 주격을 말한다.

Ἴδε ἡ μήτηρ μου καὶ οἱ ἀδελφοί μου.

보라, 나의 어머니와 나의 형제들(마르 3,34).

Ἰδοὺ ὁ ἄνθρωπος.

자, 이 사람이오(요한 19,5).

95-3 부사적 주격

주격이 부사의 구실을 하는 경우를 말한다.

ἤδη ἡμέραι τρεῖς προσμένουσίν μοι.

그들은 벌써 사흘 동안이나 내 곁에 머물렀다(마르 8,2).

96 속격

속격은 주로 명사, 형용사, 부사의 의미를 제한하고 동사의 의미는 드물게 제한다.

96-1 소유 또는 소속 속격

ὑμεῖς δὲ Χριστοῦ, Χριστὸς δὲ θεοῦ.

여러분은 그리스도의 것이고 그리스도는 하느님의 것입니다(1코린 3,23).

96-2 목적 속격

ὁ ζῆλος τοῦ οἴκου σου

당신 집에 대한 열정(요한 2,17)

Ἀποκάλυψις Ἰησοῦ Χριστοῦ

예수 그리스도의 계시(묵시 1,1)

여기서는 소유 속격(예수 그리스도께서 주시는 계시)일 수도, 목적 속격(예수 그리스도에 관한 계시)일 수도 있다.

96-3 부분 속격

τοὺς πτωχοὺς τῶν ἁγίων

성도들 가운데 가난한 이들을(로마 15,26)

μὴ καὶ σὺ ἐκ τῶν μαθητῶν εἶ τοῦ ἀνθρώπου τούτου;

당신도 저 사람의 제자들 가운데 하나가 아닌가요?(요한 18,17)

96-4 동격 또는 설명 속격

σημεῖον περιτομῆς

할례라는 표징(로마 4,11)

πόλεις Σοδόμων καὶ Γομόρρας

소돔과 고모라 도시들을(2베드 2,6)

εἰ μὴ τὸ σημεῖον Ἰωνᾶ τοῦ προφήτου

요나 예언자라는 표징 밖에는(마태 12,39)

96-5 한정 속격

- 형용사 구실을 하는 속격을 가리킨다. 셈어의 영향으로 히브리 속격이라고도 한다.

γέενναν τοῦ πυρός 불붙는 지옥(마태 5,22)

ὁ οἰκονόμος τῆς ἀδικίας 불의한 집사(루카 16,8)

- 한정 속격은 특히 σῶμα, ἡμέρα와 함께 쓰인다.

τὸ σῶμα τῆς ἁμαρτίας 죄지은 몸(로마 6,6)

ἐν ἡμέρᾳ ὀργῆς 진노하는 날에(로마 2,5)

96-6 시간 속격

사건이 일어난 한정된 시간을 나타낸다.

ἡμέρας μέσης 정오에(사도 26,13)

τοῦ λοιποῦ 이제부터(갈라 6,17)

δὶς τοῦ σαββάτου 한 주간에 두 번(루카 18,12)

97 여격

여격은 원인, 수단, 도구, 방법, 손익을 나타내는 데 쓴다.

97-1 관계 여격

ἀδύνατος τοῖς ποσίν

발을 못 쓰는(사도 14,8)

περιτομῇ ὀκταήμερος

여드레에 할례 받은(필리 3,5)

μακάριοι οἱ καθαροὶ τῇ καρδίᾳ.

마음이 깨끗한 이들은 행복하다(마태 5,8).

97-2 시간 여격

시간 속격과 거의 차이가 없다.

전치사 **ἐν**을 동반할 수도 있고 안 할 수도 있다.

τῇ τρίτῃ ἡμέρᾳ

사흘 만에(마태 16,21)

ἐν τῇ ἐσχάτῃ ἡμέρᾳ

마지막 날에(요한 7,37; 11,24)

98 대격

동사의 행위를 제한하거나 규정한다.

98-1 정도의 대격

시간 또는 공간의 정도를 나타낸다.

ἀπέχουσαν σταδίους ἑξήκοντα ἀπὸ Ἰερουσαλήμ.

그들은 예루살렘에서 예순 스타디온 떨어(진 곳에) 있었다(루카 24,13).

καθεύδῃ καὶ ἐγείρηται νύκτα καὶ ἡμέραν.

그는 밤낮 자고 일어난다(마르 4,27).

ὥραν ἐνάτην τῆς ἡμέρας

어느 날 아홉째 시각에(사도 10,3)

98-2 관계 대격

- 고전 그리스어에서 자주 사용되지만 신약성경에서도 가끔 나타난다.

τοὔνομα(τὸ ὄνομα) Ἰωσήφ

요셉이라는 이름의(마태 27,57)

τὸν ἀριθμὸν ὡς πεντακισχίλιοι

수효가 약 오천 명인(요한 6,10)

- 때로는 전치사 κατά, πρός와 함께 쓰이기도 한다.

πιστὸς ἀρχιερεὺς τὰ πρὸς τὸν θεόν

하느님에 관한 것들에서 성실한 대사제(히브 2,17)

τὸ κατὰ σάρκα

육으로는(로마 9,5)

98-3 **부사적 대격**

부사의 의미를 지니는 대격으로서 관용어로 이해하면 될 것이다.

τὸ νῦν ἔχον

지금은, 당분간(사도 24,25)

τὸ καθ' ἡμέραν

날마다(루카 11,3)

제35과

접속사

접속사는 낱말, 구, 절, 문장, 심지어 단락까지도 이어 주는 구실을 한다. 접속사에는 독립된 두 어구나 문장을 이어 주는 병렬 접속사와 독립된 문장과 종속된 문장을 이어 주는 종속 접속사가 있다. 그러나 한 접속사가 이 두 구실을 다 하는 경우도 있어서 둘 사이의 구별이 명확하지 않다.

99 병렬 접속사

99-1 ἀλλά

보통은 대조를 나타내지만 강조, 제외, 다른 주제나 생각으로의 전환을 나타내기도 한다.

- 대조

Οὐ δι' ἐμὲ ἡ φωνὴ αὕτη γέγονεν ἀλλὰ δι' ὑμᾶς.

그 소리는 내가 아니라 너희를 위하여 내린 것이다(요한 12,30).

- 강조

οἱ δὲ πρὸς αὐτόν, 'Αλλ' οὐδ' εἰ πνεῦμα ἅγιον ἔστιν ἠκούσαμεν.

"아니오. 우리는 성령이 있다는 말조차 듣지 못하였습니다" 하고 그들이 그에게 말하였다(사도 19,2).

- 제외

οὐ γάρ ἐστιν κρυπτὸν ἐὰν μὴ ἵνα φανερωθῇ, οὐδὲ ἐγένετο ἀπόκρυφον ἀλλ' ἵνα ἔλθῃ εἰς φανερόν.

드러나기 위해서가 아니라면 숨겨진 것은 하나도 없고 드러나게 될 것을 제외하면 감추어진 것은 하나도 없다(마르 4,22).

• 이동

ἠγέρθη, οὐκ ἔστιν ὧδε· ἴδε ὁ τόπος ὅπου ἔθηκαν αὐτόν. ἀλλὰ ὑπάγετε εἴπατε τοῖς μαθηταῖς αὐτοῦ καὶ τῷ Πέτρῳ ὅτι Προάγει ὑμᾶς εἰς τὴν Γαλιλαίαν·

그분은 일어나셔서 여기에 계시지 않는다. 보아라, 여기가 그분을 모셨던 곳이다. 그러니 가서 제자들과 베드로에게 "그분이 여러분보다 먼저 갈릴래아로 가실 것입니다" 하고 말하여라(마르 16,6-7).

99-2 ἄρα

보통 추론의 결과나 결론을 말할 때 쓰이지만 강조를 나타내기도 한다.

• 결과

ἄρα γε ἀπὸ τῶν καρπῶν αὐτῶν ἐπιγνώσεσθε αὐτούς.

그러므로 너희는 그들이 맺은 열매를 보고 그들을 알아볼 수 있다(마태 7,20).

• 강조

Τίς ἄρα μείζων ἐστὶν ἐν τῇ βασιλείᾳ τῶν οὐρανῶν;

하늘 나라에서는 도대체 누가 가장 큰 사람입니까?(마태 18,1)

• 의문문에 쓰이는 불변화사 ἆρα와 구별할 것

πλὴν ὁ υἱὸς τοῦ ἀνθρώπου ἐλθὼν ἆρα εὑρήσει τὴν πίστιν ἐπὶ τῆς γῆς;

그러나 사람의 아들이 올 때에 이 세상에서 믿음을 찾아볼 수 있겠느냐?(루카 18,8)

99-3 δέ

보통은 대조이지만 보충, 이동, 설명, 강조를 나타내기도 한다.

- 대조

’Ηκούσατε ὅτι ἐρρέθη, ’Αγαπήσεις τὸν πλησίον σου καὶ μισήσεις τὸν ἐχθρόν σου. ἐγὼ δὲ λέγω ὑμῖν, ἀγαπᾶτε τοὺς ἐχθροὺς ὑμῶν καὶ προσεύχεσθε ὑπὲρ τῶν διωκόντων ὑμᾶς.

“네 이웃을 사랑해야 한다. 그리고 네 원수는 미워해야 한다.”고 이르신 말씀을 너희는 들었다. 그러나 나는 너희에게 말한다. 너희는 원수를 사랑하여라. 그리고 너희를 박해하는 자들을 위하여 기도하여라(마태 5,43-44).

- 보충

ὁ γὰρ θεὸς ἀπείραστός ἐστιν κακῶν, πειράζει δὲ αὐτὸς οὐδένα.

하느님께서는 악의 유혹을 받으실 분도 아니고, 또 아무도 유혹하지 않으십니다(야고 1,13)

제1과의 마태 1,2-11의 족보도 참조하라.

- 이동

’Οψίας δὲ γενομένης, ὅτε ἔδυ ὁ ἥλιος, ἔφερον πρὸς αὐτὸν πάντας τοὺς κακῶς ἔχοντας καὶ τοὺς δαιμονιζομένους·

그 뒤에 저녁이 되고 해가 지자, 사람들이 병든 이들과 마귀 들린 이들을 모두 예수님께 데려왔다(마르 1,32).

• 설명

τοῦτο δὲ ἔλεγεν πειράζων αὐτόν· αὐτὸς γὰρ ᾔδει τί ἔμελλεν ποιεῖν.

이는 그를 시험해 보려고 하신 말씀이다. 그분께서는 당신이 하시려는 일을 이미 잘 알고 계셨다(요한 6,6).

• 강조

καὶ πάντες δὲ οἱ προφῆται ἀπὸ Σαμουὴλ καὶ τῶν καθεξῆς ὅσοι ἐλάλησαν καὶ κατήγγειλαν τὰς ἡμέρας ταύτας.

과연 사무엘과 그 후계자들을 비롯하여 그토록 많이 말씀을 전한 모든 예언자들이 지금의 이때를 예고하였습니다(사도 3,24).

99-4 **διό**

결론이나 결과를 말할 때 쓰인다.

διὸ ἐκλήθη ὁ ἀγρὸς ἐκεῖνος Ἀγρὸς Αἵματος ἕως τῆς σήμερον.

그래서 그 밭은 오늘날까지 '피 밭'이라고 불린다(마태 27,8).

99-5 **καί**

낱말, 절, 문장을 연결하는 연계사로서, '…도, 조차도, 까지도'를 뜻할 수 있다. 그 밖에 신약성경은 **καί**와 관련하여 다양한 용도를 보인다.

• 대조

ἐζήτουν οὖν αὐτὸν πιάσαι, καὶ οὐδεὶς ἐπέβαλεν ἐπ' αὐτὸν τὴν χεῖρα.

그들은 그분을 잡으려고 하였지만, 그분께 손을 대는 자는 아무도 없었다(요한 7,30).

- 결과

ὑποτάγητε οὖν τῷ θεῷ, ἀντίστητε δὲ τῷ διαβόλῳ καὶ φεύξεται ἀφ' ὑμῶν.

하느님께 복종하고 악마에게 대항하시오. 그러면 악마가 여러분에게서 달아날 것입니다(야고 4,7).

- 목적

πέμψον τὸ δρέπανόν σου καὶ θέρισον.

수확하기 위해 당신의 낫을 대십시오(묵시 14,15).

- 조건

τί θέλετέ μοι δοῦναι, κἀγὼ(καὶ ἐγὼ) ὑμῖν παραδώσω αὐτόν;

내가 그분을 여러분에게 넘겨주면 나에게 무엇을 주실 작정입니까?(마태 26,15)

99-6 **πλήν**

- '…을 제외하고'를 뜻하는 속격 전치사

εἷς ἐστιν καὶ οὐκ ἔστιν ἄλλος πλὴν αὐτοῦ.

그분은 한 분뿐이시고 그 밖에 다른 이가 없다(마르 12,32).

- '…을 제외하고, … 이외에는, 다만, 그러나'를 뜻하는 접속사

πλὴν ὅτι τὸ πνεῦμα τὸ ἅγιον κατὰ πόλιν διαμαρτύρεταί μοι λέγον ὅτι δεσμὰ καὶ θλίψεις με μένουσιν.

투옥과 환난이 나를 기다리고 있다고 성령께서 내가 가는 고을에서마다 일러 주신 것을 제외하고 (사도 20,23).

πλὴν οὐχ ὡς ἐγὼ θέλω ἀλλ’ ὡς σύ.

그러나 제가 원하는 대로 하지 마시고 당신께서 원하시는 대로 하십시오(마태 26,39).

100 종속 접속사

100-1 ἐάν

• 조건

Λέγω ὑμῖν, ἐὰν οὗτοι σιωπήσουσιν, οἱ λίθοι κράξουσιν.

내가 너희에게 말한다. 이들이 잠자코 있으면 돌들이 소리 지를 것이다(루카 19,40).

• **시간** 미래의 사건과 동시대에 일어날 일을 나타낸다.

οἴδαμεν ὅτι ἐὰν φανερωθῇ, ὅμοιοι αὐτῷ ἐσόμεθα, ὅτι ὀψόμεθα αὐτὸν καθώς ἐστιν.

그분께서 나타나시면 우리도 그분처럼 되리라는 것은 알고 있습니다. 그분을 있는 그대로 뵙게 될 것이기 때문입니다(1요한 3,2).

• **부정不定** 관계대명사 뒤에 쓰여 ‘누구에게나, 어디에나, 무엇이나’ 등의 뜻을 나타낸다.

ἀλλ’ ὃ ἐὰν δοθῇ ὑμῖν ἐν ἐκείνῃ τῇ ὥρᾳ τοῦτο λαλεῖτε· οὐ γάρ ἐστε ὑμεῖς οἱ λαλοῦντες ἀλλὰ τὸ πνεῦμα τὸ ἅγιον.

그저 그때에 너희에게 일러 주시는 대로 말하여라. 사실 말하는 이는 너희가 아니라 성령이시다(마르 13,11).

관계대명사 다음에 사용하는 **ἄν**과도 같다.

• 제외 ἐάν μή '…이 아니라면.'

οὐχί, λέγω ὑμῖν, ἀλλ' ἐὰν μὴ μετανοῆτε πάντες ὁμοίως ἀπολεῖσθε.

아니다. 내가 너희에게 말한다. 너희도 회개하지 않으면 모두 그처럼 멸망할 것이다(루카 13,3).

100-2 **εἰ**

보통은 조건문의 전제절에 쓰이지만 이유, 양보, 의문, 강조를 나타내거나 명사절로 쓰이기도 한다.

• 이유

Ἀγαπητοί, εἰ οὕτως ὁ θεὸς ἠγάπησεν ἡμᾶς, καὶ ἡμεῖς ὀφείλομεν ἀλλήλους ἀγαπᾶν.

사랑하는 여러분, 하느님께서 우리를 이렇게 사랑하셨으니 우리도 서로 사랑해야 합니다(1요한 4,11).

• 양보

Εἰ καὶ πάντες σκανδαλισθήσονται, ἀλλ' οὐκ ἐγώ.

모두 떨어져 나갈지라도, 저는 그러지 않을 것입니다(마르 14,29).

• 의문 직접 또는 간접 의문을 끌어들인다.

ἐπηρώτησαν αὐτὸν λέγοντες, Εἰ ἔξεστιν τοῖς σάββασιν θεραπεῦσαι; ἵνα κατηγορήσωσιν αὐτοῦ.

사람들은 예수님을 고발하려고, "안식일에 병을 고쳐 주어도 됩니까?" 하고 물었다(마태 12,10).

Ἐξορκίζω σε κατὰ τοῦ θεοῦ τοῦ ζῶντος ἵνα ἡμῖν εἴπῃς εἰ σὺ εἶ ὁ Χριστὸς ὁ υἱὸς τοῦ θεοῦ.

내가 명령하오. "살아 계신 하느님 앞에서 맹세를 하고 당신이 하느님의 아들 메시아인지 밝히시오" (마태 26,63).

- 강조

εἴ γε ἠκούσατε τὴν οἰκονομίαν τῆς χάριτος τοῦ θεοῦ τῆς δοθείσης μοι εἰς ὑμᾶς.

하느님께서 여러분을 위하여 나에게 주신 은총의 직무를 여러분은 이미 분명히 들었습니다(에페 3,2).

- **명사절 구성** 원의나 감탄을 뜻하는 동사 뒤에서 명사절을 이끈다. 명사절을 이끄는 접속사는 통상 ὅτι와 ἵνα이다.

Πῦρ ἦλθον βαλεῖν ἐπὶ τὴν γῆν, καὶ τί θέλω εἰ ἤδη ἀνήφθη.

나는 세상에 불을 지르러 왔다. 그 불이 이미 타올랐으면 얼마나 좋으랴?(루카 12,49)

100-3 ἵνα

- **목적** 접속법이나 미래 직설법과 함께 쓰인다.

καθὼς Μωϋσῆς ὕψωσεν τὸν ὄφιν ἐν τῇ ἐρήμῳ, οὕτως ὑψωθῆναι δεῖ τὸν υἱὸν τοῦ ἀνθρώπου, ἵνα πᾶς ὁ πιστεύων ἐν αὐτῷ ἔχῃ ζωὴν αἰώνιον.

모세가 광야에서 뱀을 들어 올린 것처럼, 사람의 아들도 들어올려져야 한다. 믿는 사람은 누구나 사람의 아들 안에서 영원한 생명을 얻게 하려는 것이다(요한 3,14-15).

- **명사절 구성** 접속법과 함께 사용한다.

ἐξελθόντες ἐκήρυξαν ἵνα μετανοῶσιν.

제자들은 떠나가서 회개하라고 선포하였다(마르 6,12).

- 결과

῾Ραββί, τίς ἥμαρτεν, οὗτος ἢ οἱ γονεῖς αὐτοῦ, ἵνα τυφλὸς γεννηθῇ;

스승님, 누가 죄를 지었기에 저이가 눈먼 사람으로 태어났습니까? 저 사람입니까? 그의 부모입니까?(요한 9,2)

- 명령

Τὸ θυγάτριόν μου ἐσχάτως ἔχει, ἵνα ἐλθὼν ἐπιθῇς τὰς χεῖρας αὐτῇ ἵνα σωθῇ καὶ ζήσῃ.

제 어린 딸이 죽게 되었습니다. 가셔서 아이에게 손을 얹으시어 그 아이가 병이 나아 다시 살게 해 주십시오(마르 5,23).

- 시간

᾿Ελήλυθεν ἡ ὥρα ἵνα δοξασθῇ ὁ υἱὸς τοῦ ἀνθρώπου.

사람의 아들이 영광스럽게 될 때가 왔다(요한 12,23).

부록

—

그리스어 낱말 모음

α

ἀγαθός,-ή,-όν 선한, 착한 第6과(17), 第29과(83-3)

ἀγαπάω 사랑하다 第15과(45, 낱말)

ἀγάπη,-ης, ἡ 사랑 第4과(낱말)

ἀγαπητός,-ή,-όν 사랑받는 第6과(낱말)

ἄγγελος,-ου, ὁ 천사, 사자(使者) 第5과(낱말)

ἅγιος,-α,-ον 거룩한 第6과(17)

ἀγρός,-οῦ, ὁ 밭 第5과(낱말)

ἄγω 인도하다 第11과(낱말), 第13과(41-1), 第16과(낱말)

ἀδελφός,-οῦ, ὁ 형제 第5과(낱말)

αἷμα,-ατος, τό 피 第17과(낱말)

αἴρω 들어높이다 第12과(낱말)

αἰτέω 요청하다 第10과(32-1)

αἰών,-ῶνος, ὁ 시대, 영원 第17과(낱말)

αἰώνιος,-ον 영원한 第6과(낱말)

ἀκμήν 아직, 여태 第30과(86-4)

ἀκούω [대격지배] 듣다 [속격지배] 귀기울이다 第3과(낱말), 第10과(32-1), 第11과(37-3, 낱말)

ἀλήθεια,-ας, ἡ 진리 第4과(낱말)

ἀληθής(-οῦς),-ές 진실한, 참된 第19과(60-1, 낱말)

ἀληθῶς 진실로 第30과(86-1)

ἀλλά 그러나 第4과(낱말), 第35과(99-1)

ἀλλήλων,-οις,-ους 서로 第9과(28)

ἄλλως 다르게 第30과(86-1)

ἅμα [여격] …와 함께 第7과(20)

ἁμαρτάνω 죄짓다 第18과(낱말)

ἁμαρτία,-ας, ἡ 죄 第4과(낱말)

ἁμαρτωλός,-όν 죄지은 第6과(낱말)

ἀμήν 아멘, 진실로 第14과(낱말)

ἀνά [대격] … 위로 第7과(21-3)

ἀναβαίνω 올라가다 第7과(20)

ἀνάστασις,-εως, ἡ 부활 第17과(낱말)

ἀνήρ, ἀνδρός, ὁ 남자, 남편, 사람 第17과(50, 낱말)

ἄνθρωπος,-ου, ὁ 사람 第5과(낱말)

ἀνοίγνυμι(-ίγω) 열다 第18과(낱말)

ἀντί [속격] … 대신 第7과(21-1)

ἀπάγω 가져가다 第10과(32-2)

ἅπαξ 단 한 번 第30과(86-5)

ἀπάτωρ(-τορος), ἀπάτορ 아버지 없는 第29과(82-1)

ἀπέρχομαι 떠나다 第11과(낱말)

ἀπό [속격] …으로부터 第7과(21-1)

ἀποθνῄσκω 죽다 第12과(낱말)

ἀποκρίνομαι [보통여격지배] 대답하다 第11과(37-2, 낱말)

ἀποκτείνω 죽이다 第12과(낱말)

ἀποστέλλω 파견하다, 보내다 第7과(낱말)

ἀπόστολος,-ου, ὁ 사도 第5과(낱말)

ἄρα **(추론불변화사) 그러므로** 제35과(99-2)
ἆρα **(의문불변화사)** 제35과(99-2)
ἀργυροῦς,-ᾶ,-οῦν **은의** 제6과(18)
ἄρσην(-ενος),-εν **남성의** 제29과(82-1)
ἄρτος,-ου, ὁ **빵** 제5과(낱말)
ἀρχή,-ῆς, ἡ **시작, 처음** 제4과(낱말)
ἀρχιερεύς,-έως, ὁ **수석 사제, 대사제** 제17과(낱말)
ἄρχομαι **시작하다** 제11과(36-2, 37-1, 낱말), 제13과(41-1)
ἄρχω [속격지배] **지배하다** 제11과(36-2, 낱말)
ἄρχων,-οντος, ὁ **통치자** 제17과(49, 낱말)
αὐγάζω **보다** 제10과(32-1)
αὔριον **내일** 제30과(86-2)
αὐτός,-ή,-ό **(인칭대명사) 그** 제9과(26)
ἀφίημι **하게 하다, 허락하다, 용서하다** 제27과(75-1)
ἄφρων(-ονος),-ον **미련한, 바보 같은** 제19과(낱말), 제29과(82-1)
ἄχρι [속격] **…때까지** 제7과(20)

β

βαίνω **가다, 걷다(미래 βήσομαι)** 제11과(37-1, 낱말), 제28과(81)
βάλλω **던지다** 제3과(낱말), 제16과(낱말)
βαπτίζω **세례 주다** 제11과(낱말)
βαπτιστής,-οῦ, ὁ **세례자** 제4과(낱말)
βασιλεία,-ας, ἡ **왕국, 나라** 제4과(낱말)
βασιλεύς,-έως, ὁ **임금** 제17과(51, 낱말)
βιβλίον,-ου, τό **책, 두루마리** 제5과(낱말), 제14과(낱말)
βίβλος,-ου, ἡ **책, 두루마리** 제5과(낱말)
βλέπω **보다** 제3과(낱말), 제13과(41-1), 제18과(55-1)
βορρᾶς,-ᾶ, ὁ **북풍** 제4과(낱말)
βοῦς, βοός, ὁ **황소** 제17과(51, 낱말)

γ

Γαλιλαία,-ας, ἡ **갈릴래아** 제4과(낱말)
γενεά,-ᾶς, ἡ **세대, 시대** 제4과(낱말)
γεννάω **낳다** 제15과(낱말)
γένος,-ους, τό **족속, 종족** 제17과(낱말)
γῆ,-ῆς, ἡ **땅, 지구** 제4과(낱말)
γίνομαι **되다** 제11과(낱말), 제13과(42), 제16과(47-4, 낱말), 제26과(73-3)
γινώσκω **알다** 제3과(낱말), 제13과(42), 제28과(81)
γραμματεύς,-έως, ὁ **율법학자** 제17과(낱말)
γραφή,-ῆς, ἡ **문서, 성경** 제4과(14, 낱말)
γράφω **쓰다** 제3과(낱말), 제13과(41-1), 제16과(48), 제18과(55-3)
γυνή, γυναικός, ἡ **부인, 아내** 제17과(낱말)

δ

δαιμόνιον,-ου, τό **악령, 마귀, 영** 제5과(낱말)

δέ **그러나, 그리고** 제4과(낱말), 제35과(99-3)
δεῖ [비인칭동사] **…해야 한다** 제12과(낱말)
δεξιός,-ά,-όν **오른쪽의** 제6과(낱말)
δεύτερος,-α,-ον **두 번째의** 제6과(낱말)
δέχομαι **받다** 제11과(낱말)
διά [속격] **…을 통하여, … 동안(시간), … 다음에(시간)** [대격] **… 때문에** 제7과(21-4)
διάβολος,-ου, ὁ **악마, 사탄(고발자)** 제5과(낱말)
διασπορά,-ᾶς, ἡ **분산, 흩어짐** 제4과(낱말)
διδάσκαλος,-ου, ὁ **선생, 교사** 제5과(낱말)
διδάσκω **가르치다** 제3과(낱말)
δίδωμι **주다** 제27과(75~79)
διέρχομαι **지나가다, 통과하다** 제11과(낱말)
δίκαιος,-α,-ον **옳은, 의로운** 제6과(낱말)
δικαιοσύνη,-ης, ἡ **정의** 제4과(낱말)
διό **그래서** 제35과(99-4)
δόξα,-ης, ἡ **영광** 제4과(14, 낱말)
δοξάζω **영광스럽게 하다** 제17과(낱말)
δοῦλος,-ου, ὁ **종** 제5과(낱말)
δύναμις,-εως, ἡ **능력, 힘** 제17과(낱말)
δύο **둘** 제21과
δωρεάν **공짜로** 제30과(86-4)
δῶρον,-ου, τό **선물** 제5과(16, 낱말)

ε

ἐάν **만일** 제24과(68-4), 제35과(100-1)
ἐγγύς **가까이** 제30과(86-5)
ἐγείρω **일어나다, 일으키다** 제7과(낱말), 제12과(낱말)
ἐγώ, ἐμοῦ, ἐμοί, ἐμέ **나** 제9과(26)
ἔθνος,-ους, τό **민족** [복수] **민족들, 이방인들, 이교인들** 제17과(52, 낱말)
εἰ **만일** 제35과(100-2)
εἶμι **가다** 제27과(80)
εἰμί **…이다, …있다** 제3과(12, 낱말), 제14과(43), 제18과(53), 제25과(72), 제26과(74)
εἰρήνη,-ης, ἡ **평화** 제4과(낱말)
εἰς [대격] **… 안으로, … 향하여** 제7과(21-3)
εἷς, μία, ἕν **하나** 제21과
εἰσέρχομαι **들어가다** 제11과(37-2, 낱말)
ἐκ, ἐξ [속격] **…에서 밖으로** 제7과(21-1)
ἕκαστος,-η,-ον **각자, 저마다** 제6과(낱말)
ἐκβάλλω **쫓아내다** 제10과(32-2)
ἐκεῖ **거기에** 제17과(낱말)
ἐκεῖθεν **거기서부터** 제30과(86-7)
ἐκεῖνος,-η,-ο **저, 저것** 제9과(27)
ἐκκλησία,-ας, ἡ **교회** 제4과(낱말)
ἔλαττον **더 적게** 제30과(87-1)
Ἑλληνιστί **그리스어로** 제30과(86-7)
ἐλπίς,-ίδος, ἡ **희망** 제17과(낱말)
ἐμός,-ή,-όν **나의** 제9과(26-5)
ἐν [여격] **… 안에, … 가운데, …에 의해서(도구)** 제7과(21-2)
ἔναντι [속격] **… 앞에서** 제7과(20)
ἐνδύω **입다** 제10과(32-2)
ἐντολή,-ῆς, ἡ **계명** 제4과(낱말)

ἐξέρχομαι **나가다** 제7과(20), 제11과(낱말)

ἔξοδος,-ου, ἡ **출구, 탈출** 제5과(낱말)

ἐξουσία,-ας, ἡ **권위, 권한** 제7과(낱말)

ἐπαγγελία,-ας, ἡ **약속** 제4과(낱말)

ἐπί [속격] **… 때에, … 동안에(시간), … 위에 (장소)** 제7과(21-5)

[여격] **… 위에(장소), … 덧붙여, … 때문에 (이유)** 제7과(21-5)

[대격] **… 위로, …에게, … 동안에(시간)** 제7과(21-5)

ἐπιβάλλω **던지다** 제10과(32-2)

ἐπιθυμία,-ας, ἡ **욕망, 열정** 제4과(낱말)

ἔργον,-ου, τό **일** 제5과(낱말)

ἔρημος,-ου, ἡ **사막, 광야** 제5과(낱말)

ἔρχομαι **가다, 오다** 제10과(32-1), 제11과(낱말), 제13과(42), 제16과(낱말)

ἐσθίω **먹다** 제13과(42), 제16과(낱말)

ἔσχατος,-η,-ον **마지막의** 제6과(낱말)

ἕτερος,-α,-ον **다른** 제6과(낱말)

ἔτι **아직, 여태** 제14과(낱말)

ἔτος,-ους, τό **해年** 제17과(낱말)

εὐαγγελίζομαι **(복음을) 전하다** 제18과(낱말)

εὐαγγέλιον,-ου, τό **복음** 제5과(낱말)

εὐθύς **곧바로, 그러고 나서** 제30과(86-5)

εὑρίσκω **찾다** 제10과(32-1), 제12과(낱말), 제13과(42), 제16과(낱말)

ἔχω **가지다** 제3과(낱말), 제12과(낱말), 제13과(42), 제16과(낱말)

ζ

ζάω **살다** 제15과(낱말)

ζητέω **찾다, 궁리하다** 제15과(낱말)

ζωή,-ῆς, ἡ **생명** 제4과(낱말)

η

ἥδιστα **가장 기쁘게** 제30과(87-2)

ἡμέρα,-ας, ἡ **날** 제4과(낱말)

ἡμέτερος,-α,-ον **우리의** 제9과(26-5)

θ

θάλασσα,-ης, ἡ **바다** 제4과(낱말)

θάνατος,-ου, ὁ **죽음** 제5과(낱말)

θέλημα,-ατος, τό **뜻, 의지** 제17과(낱말)

θέλω **원하다** 제3과(낱말), 제12과(낱말)

θεός,-οῦ, ὁ(ἡ) **신, 여신** 제5과(낱말)

θεραπεύω **치유하다** 제14과(낱말)

θῆλυς,-εια,-υ **여성의** 제29과(82-2)

θηρίον,-ου, τό **맹수, 짐승** 제5과(낱말)

θρόνος,-ου, ὁ **왕좌** 제5과(낱말)

θύρα,-ας, ἡ **문** 제4과(낱말)

ι

ἴδιος,-α,-ον **자신의, 같은** 제6과(낱말)

ἰδού **보라!** 제14과(낱말)

ἱερόν,-οῦ, τό **성전(구역 전체)** 제5과(낱말)

ἵημι **시키다** 제27과(75~79)
Ἰησοῦς,-οῦ, ὁ **예수** 제5과(16)
ἵνα **(접속사)…하도록** 제24과(68-4), 제31과(88-4), 제33과(94-3), 제35과(100-3)
Ἰούδας,-α, ὁ **유다** 제4과(15, 낱말)
ἵστημι [타동] **세우다,** [자동] **서다** 제27과(75~79)
ἰσχυρός,-α,-ον **강한** 제29과(83-1)
ἰχθύς,-ύος, ὁ **물고기** 제17과(51, 낱말)
Ἰωνᾶς,-ᾶ, ὁ **요나** 제17과(낱말)

κ

καθίζω **앉다** 제18과(낱말)
καί **그리고** 제3과(낱말), 제14과(44), 제35과(99-5)
καιρός,-οῦ, ὁ **때(정해진 시간), 계절** 제5과(낱말)
κακός,-ή,-όν **나쁜, 악한** 제6과(낱말)
καλέω **부르다, 이름 짓다, 초대하다** 제15과(낱말)
καλός,-ή,-όν **좋은, 선한** 제6과(낱말)
καλῶς **좋게, 잘** 제30과(86-1)
καρδία,-ας, ἡ **마음, 심장** 제4과(낱말)
καρπός,-οῦ, ὁ **열매** 제5과(낱말)
κατά [속격] **… 아래로** 제7과(21-4)
[대격] **…에 따르면, …에 따라** 제7과(21-4)
καταβαίνω **내려가다** 제12과(낱말)
κεφαλή,-ῆς, ἡ **머리** 제4과(낱말)
κηρύσσω **선포하다** 제7과(낱말), 제13과(42)
κόσμος,-ου, ὁ **우주, 세상** 제5과(낱말)
κρίνω **심판하다** 제11과(낱말)
κρίσις,-εως, ἡ **심판** 제17과(낱말)
κύκλῳ [속격] **…둘레에** 제7과(20)
κύριος,-ου, ὁ **주인, 주님** 제5과(낱말)

λ

λάθρᾳ **비밀리에** 제30과(86-6)
λαῖλαψ,-απος, ἡ **폭풍** 제17과(49-1)
λαλέω **이야기하다, 수다 떨다** 제15과(낱말)
λαμβάνω **받다, 취하다** 제3과(낱말), 제13과(42), 제16과(낱말), 제18과(55-2)
λαός,-οῦ, ὁ **백성** 제5과(낱말)
λέγω **말하다** 제3과(낱말), 제16과(낱말)
λείπω **남겨두다** 제16과(48, 낱말), 제25과(71)
λίθος,-ου, ὁ **돌** 제5과(낱말)
λόγος,-ου, ὁ **말씀** 제5과(16)
λοιπός,-ή,-όν **남은, 나머지의** 제6과(낱말)
λύω **풀다, 파괴하다** 제3과(12, 낱말), 제10과(30, 31), 제11과(36), 제12과(38), 제13과(40), 제16과(47), 제18과(54), 제24과(68), 제25과(70), 제26과(73)

μ

μαθητής,-οῦ, ὁ **제자** 제4과(15, 낱말)
μακάριος,-α,-ον **행복한, 복받은** 제6과(낱말)
μακράν **멀리** 제30과(86-4)

μάλιστα 무엇보다 제30과(86-3)
μᾶλλον 더, 더욱, 오히려 제30과(86-2)
μάρτυς, μάρτυρος, ὁ 증인, 순교자 제17과(50, 낱말)
μέγας, μεγάλη, μέγα 위대한 제19과(61, 낱말), 제29과(83-1)
μείζων(-ονος),-ον 더 위대한 제19과(낱말), 제29과(83-1)
μέλας,-αινα,-αν 검은 제29과(82-2)
μέλλω …하려 하다 제12과(낱말)
μέν … δέ 한편으로 … 다른 한편으로 제14과(44-4)
μένω 머무르다 제7과(낱말)
μέρος,-ους, τό 몫 제17과(낱말)
μέσος,-η,-ον 가운데의 제6과(낱말)
μετά [속격] …과 함께 제7과(21-4)
[대격] … 다음에 제7과(21-4)
μή 아니 제24과(68-5), 제25과(70-4), 제31과(89)
μήτηρ, μητρός, ἡ 어머니 제17과(낱말)
μικρός,-ά,-όν 작은 제6과(낱말)
μνημεῖον,-ου, τό 무덤, 기념비 제5과(낱말)
μόνος,-η,-ον 유일한 제6과(낱말)
Μωϋσῆς,-έως, ὁ 모세 제17과(낱말)

ν

ναός,-οῦ, ὁ 성전(성소, 건물 자체) 제5과(낱말)
νεανίας,-ου, ὁ 젊은이 제4과(15, 낱말)
νεκρός,-ά,-όν 죽은 제6과(낱말)
νόμος,-ου, ὁ 율법 제5과(낱말)
νύξ, νυκτός, ἡ 밤 제17과(49, 낱말)

ο

ὁ, ἡ, τό (관사) 제4과(13)
ὁδός,-οῦ, ἡ 길 제5과(낱말)
οἰκία,-ας, ἡ 집 제4과(낱말)
οἰκοδομεω 집짓다 제10과(32-1)
οἶκος,-ου, ὁ 집 제5과(낱말)
οἶνος,-ου, ὁ 술 제16과(낱말)
ὅλος,-η,-ον 전체의, 온전한 제6과(낱말)
ὄνομα,-τος, τό 이름 제17과(49, 낱말)
ὄντως 실제로 제30과(86-1)
ὀξύς,-εῖα,-ύ 예리한 제29과(82-2)
ὅπως …하도록 제24과(68-4), 제33과(94-3)
ὁράω 보다 제15과(낱말), 제16과(낱말), 제18과(55-1)
ὀργή,-ῆς, ἡ 분노, 진노 제4과(낱말)
ὄρος,-ους, τό 산 제17과(낱말)
ὅς, ἥ, ὅ (관계대명사) 제20과(63)
ὅστις, ἥτις, ὅ τι (부정관계대명사) 제20과(63)
ὅτι …하다는 것을, 왜냐하면, … 때문에 제3과(낱말), 제33과(94-1)
οὐ, οὐκ, οὐχ 아니 제3과(낱말)
οὐδέ …도 아니 제14과(44-2)
οὐδείς, οὐδεμία, οὐδέν 아무도 아니 제21과
οὐρανός,-οῦ, ὁ 하늘 제5과(낱말)

οὔτε …도 아니 제14과(44-3)

οὗτος, αὕτη, τοῦτο 이, 이것 제9과(27)

ὀφείλω …해야 하다 제10과(32-1), 제12과(낱말)

ὀφθαλμός,-οῦ, ὁ 눈 제5과(낱말)

ὄχλος,-ου, ὁ 군중 제5과(낱말)

π

παιδίον,-ου, τό 어린이 제5과(낱말)

πάλιν 다시 제14과(낱말)

πάντῃ 모든 곳에 제30과(86-6)

πάντως 온갖 방법으로, 틀림없이 제30과(86-1)

παρα [속격] … 곁에서부터 제7과(21-5)
[여격] … 곁에, … 옆에 제7과(21-5)
[대격] …을 넘어서, … 동안(시간) 제7과(21-5)

παραβολή,-ῆς, ἡ 비유 제4과(낱말)

παρακαλέω 권고하다, 격려하다, 위로하다 제15과(낱말)

παρθένος,-ου, ἡ(ὁ) 동정 제5과(낱말)

πᾶς(παντός), πᾶσα(πάσης), πᾶν(παντός) 모든 제19과(60-2, 낱말)

πατήρ, πατρός, ὁ 아버지 제17과(50, 낱말)

Παῦλος,-ου, ὁ 바오로 제14과(낱말)

πεζῇ 발로 제30과(86-6)

πέμπω 보내다 제11과(낱말), 제13과(41-1)

περί [속격] …에 관하여 제7과(21-4)
[대격] …의 주변에, 대략(시간) 제7과(21-4)

περισσότερον 더 많이 제30과(87-1)

περιτομή,-ῆς, ἡ 할례 제4과(낱말)

πῆχυς,-εως, ὁ 큐빗 제17과(51)

πίνω 마시다 제16과(낱말)

πίπτω 떨어지다 제16과(낱말)

πιστεύω 믿다 제3과(낱말), 제11과(낱말)

πίστις,-εως, ἡ 신앙, 신뢰 제17과(낱말)

πιστός,-ή,-όν 신실한 제6과(낱말)

πλήν …을 제외하고 제35과(99-6)

πλήρης(-οῦς),-ες [속격지배] 충만한 제19과(낱말)

πληρόω 채우다, 차게 하다 제15과(45), 제15과(낱말)

πνεῦμα,-τος, τό 바람, 영, [복수] 영들 제17과(52), 제17과(낱말)

ποιέω 하다, 만들다 제15과(45, 낱말)

ποιμήν,-ένος, ὁ 목자 제17과(49-1)

πόλις,-εως, ἡ 도시 제17과(51, 낱말)

πολλά 많이 제30과(86-3)

πολύς, πολλή, πολύ 많은 제19과(61), 제19과(낱말), 제29과(83-1)

πονηρός,-ά,-όν 악한 제6과(낱말)

πορεύομαι 가다 제11과(37-1, 낱말)

πούς, ποδός, ὁ 발 제17과(49-1, 낱말)

πρεσβύτερος,-α,-ον 원로의, 나이든 제6과(낱말)

πρό [속격] … 앞에, … 전에 제7과(21-1)

πρόβατον,-ου, τό 양 제5과(낱말)

πρός [속격] …을 위하여 제7과(21-5)

[여격] … 가까이, … 곁에 제7과(21-5)

[대격] …에게, …을 향하여 제7과(21-5)

προσέρχομαι 나아가다 제18과(낱말)

προσευχή,-ῆς, ἡ 기도 제4과(낱말)

πρόσωπον,-ου, τό 얼굴 제5과(낱말)

προφήτης,-ου, ὁ 예언자 제4과(낱말)

πρῶτον 처음에 제30과(86-2)

πρῶτος,-η,-ον 처음의 제6과(낱말)

πῦρ,-ος, τό 불 제17과(낱말)

ρ

ῥῆμα,-τος, τό 말씀, 사건 제17과(낱말)

ῥήτωρ,-ορος, ὁ 변호사, 대변인 제17과(50, 낱말)

σ

σάββατον,-ου, τό 안식일 제5과(낱말)

σάρξ, σαρκός, ἡ 살 제17과(49-1, 49-2, 낱말)

σημεῖον,-ου, τό 표징 제5과(낱말)

σήμερον 오늘 제30과(86-2)

σκοτία,-ας, ἡ 어둠 제4과(낱말)

σός, σή, σόν 너의 제9과(26-5)

σοφία,-ας, ἡ 지혜 제4과(낱말), 제17과(낱말)

σπέρμα,-τος, τό 씨앗 제17과(낱말)

σταυρόω 십자가에 못 박다 제15과(낱말)

στόμα,-τος, τό 입 제17과(낱말)

σύ, σοῦ, σοί, σέ 너 제9과(26)

σύν [여격] …과 함께 제7과(21-2)

συνάγω 모으다 제12과(낱말)

συναγωγή,-ῆς, ἡ 회당 제4과(낱말)

σχεδόν 거의 제30과(86-7)

σώζω/σῴζω 구원하다 제11과(낱말)

σῶμα,-τος, τό 몸 제17과(낱말)

σωτήρ,-ῆρος, ὁ 구원자 제17과(50, 낱말)

σωτηρία,-ας, ἡ 구원 제4과(낱말)

σώφρων(-ρονος), σῶφρον 현명한 제29과(82-1)

τ

τάχα 아마도 제30과(86-3)

τάχιον 더 빨리 제30과(87-1)

τάχιστα 가장 빨리 제30과(87-2)

τέ 그리고 제14과(44-3)

τέκνον,-ου, τό 아이, [복수] 자녀, 아이들 제14과(낱말)

τέλος,-ους, τό 끝, 목적 제17과(낱말)

τέρας,-ατος, τό 기적 제17과(낱말)

τέσσαρες 넷 제21과

τίθημι 두다, 놓다 제27과(75~79)

τιμή,-ῆς, ἡ 공경 제4과(낱말)

τίς, τί (의문대명사) 누구, 무엇 제20과(62), 제33과(94-2)

τόπος,-ου, ὁ 장소 제5과(낱말)

τότε 그때에 제14과(낱말)

τρεῖς 셋 제21과

τρίτος,-η,-ον 세 번째의 제6과(낱말)

τυφλός,-ή,-όν 장님의, 눈먼 제6과(낱말)

υ

ὕδωρ, ὕδατος, τό **물** 제17과(52, 낱말)
υἱός,-οῦ, ὁ **아들** 제5과(낱말)
ὑμέτερος,-α,-ον **너희의** 제9과(26-5)
ὑπέρ [속격] … **대신** 제7과(21-4)
[대격] … **위에,** … **위로** 제7과(21-4)
ὑπό [속격] …**에 의해서(수동태),** …**로 말미암아** 제7과(21-5)
[여격] … **밑에** 제7과(21-5)
[대격] … **밑으로** 제7과(21-5)
ὑποτάσσω **복종시키다** 제25과(71)

φ

φέρω **가져오다, 짊어지다, 운반하다** 제11과(낱말), 제13과(42)
φημί **말하다** 제27과(75~79)
φιλέω **좋아하다, 사랑하다** 제15과(낱말)
φοβέομαι **두려워하다** 제15과(낱말)
φόβος,-ου, ὁ **두려움, 경외함** 제5과(낱말)
φυλακή,-ῆς, ἡ **감시, 감옥** 제4과(낱말)
φωνή,-ῆς, ἡ **음성, 소리** 제4과(낱말)
φῶς, φωτός, τό **빛** 제17과(52, 낱말)

χ

χαρά,-ᾶς, ἡ **기쁨** 제4과(낱말)
χάρις,-ιτος, ἡ **은총** 제17과(낱말)
χείρ, χειρός, ἡ **손** 제17과(50, 낱말)
χρεία,-ας, ἡ **궁핍, 필요** 제4과(낱말)
Χριστός,-οῦ, ὁ **그리스도, 메시아** 제14과(낱말)
χρόνος,-ου, ὁ **시간** 제5과(낱말)
χρυσοῦς,-ῆ,-οῦν **금의** 제6과(18)
χωρίς [속격] … **없이** 제7과(20)

ψ

ψυχή,-ῆς, ἡ **혼, 목숨** 제4과(낱말)

ω

ὥρα,-ας, ἡ **시간** 제4과(14, 낱말)

우리말 - 그리스어 낱말 모음

ㄱ

가까이 ἐγγύς, πρός
가다 εἶμι, πορεύομαι, βαίνω, ἔρχομαι
가르치다 διδάσκω
가운데 ἐν
가운데의 μέσος,-η,-ον
가장 기쁘게 ἥδιστα
가장 빨리 τάχιστα
가져가다 ἀπάγω
가져오다 φέρω
가지다 ἔχω
각자 ἕκαστος,-η,-ον
갈릴래아 Γαλιλαία,-ας, ἡ
감시 φυλακή,-ῆς, ἡ
감옥 φυλακή,-ῆς, ἡ
강한 ἰσχυρός,-α,-ον
같은 ἴδιος,-α,-ον
거기서부터 ἐκεῖθεν
거기에 ἐκεῖ
거룩한 ἅγιος,-α,-ον
거의 σχεδόν
걷다 βαίνω
검은 μέλας,-αινα,-αν
격려하다 παρακαλέω
경외함 φόβος,-ου, ὁ
곁에 παρά, πρός
곁에서부터 παρά
계명 ἐντολή,-ῆς, ἡ
계절 καιρός,-οῦ, ὁ
고발자 διάβολος,-ου, ὁ
곧바로 εὐθύς
공경 τιμή,-ῆς, ἡ
공짜로 δωρεάν
관하여 περί
광야 ἔρημος,-ου, ἡ
교사 διδάσκαλος,-ου, ὁ
교회 ἐκκλησία,-ας, ἡ
구원 σωτηρία,-ας, ἡ
구원자 σωτήρ,-ῆρος, ὁ
구원하다 σώζω/σῴζω
군중 ὄχλος,-ου, ὁ
궁리하다 ζητέω
궁핍 χρεία,-ας, ἡ
권고하다 παρακαλέω
권위 ἐξουσία,-ας, ἡ
권한 ἐξουσία,-ας, ἡ
귀기울이다 ἀκούω
그(인칭대명사) αὐτός,-ή,-ό
그때에 τότε
그래서 διό
그러고 나서 εὐθύς
그러나 ἀλλά, δέ
그러므로(추론불변화사) ἄρα
그리고 δέ, καί, τέ

그리스도 Χριστός,-οῦ, ὁ
그리스어로 Ἑλληνιστί
금의 χρυσοῦς,-ῆ,-οῦν
기념비 μνημεῖον,-ου, τό
기도 προσευχή,-ῆς, ἡ
기쁨 χαρά,-ᾶς, ἡ
기적 τέρας,-ατος, τό
길 ὁδός,-οῦ, ἡ
끝 τέλος,-ους, τό

ㄴ

나 ἐγώ, ἐμοῦ, ἐμοί, ἐμέ
나가다 ἐξέρχομαι
나라 βασιλεία,-ας, ἡ
나머지의 λοιπός,-ή,-όν
나쁜 κακός,-ή,-όν
나아가다 προσέρχομαι
나의 ἐμός,-ή,-όν
나이든 πρεσβύτερος,-α,-ον
날 ἡμέρα,-ας, ἡ
남겨두다 λείπω
남성의 ἄρσην(-ενος),-εν
남은 λοιπός,-ή,-όν
남자 ἀνήρ, ἀνδρός, ὁ
남편 ἀνήρ, ἀνδρός, ὁ
낳다 γεννάω
내려가다 καταβαίνω
내일 αὔριον
너 σύ, σοῦ, σοί, σέ
너의 σός, σή, σόν
너희의 ὑμέτερος,-α,-ον
넘어서 παρά
넷 τέσσαρες
놓다 τίθημί
누구(의문대명사) τίς, τί
눈 ὀφθαλμός,-οῦ, ὁ
눈먼 τυφλός,-ή,-όν
능력 δύναμις,-εως, ἡ

ㄷ

다르게 ἄλλως
다른 ἕτερος,-α,-ον
다시 πάλιν
다음에 μετά
다음에(시간) διά
단 한 번 ἅπαξ
대답하다 ἀποκρίνομαι
대략(시간) περί
대변인 ῥήτωρ,-ορος, ὁ
대사제 ἀρχιερεύς,-έως, ὁ
대신 ἀντί, ὑπέρ
더 많이 περισσότερον
더 빨리 τάχιον
더 위대한 μείζων(-ονος),-ον
더 적게 ἔλαττον
더 μᾶλλον
더욱 μᾶλλον
던지다 βάλλω
던지다 ἐπιβάλλω
덧붙여 ἐπί

도시 πόλις,-εως, ἡ
돌 λίθος,-ου, ὁ
동안(시간) παρά, διά
동안에(시간) ἐπί
동정 παρθένος,-ου, ἡ(ὁ)
되다 γίνομαι
두 번째의 δεύτερος,-α,-ον
두다 τίθημί
두려움 φόβος,-ου, ὁ
두려워하다 φοβέομαι
두루마리 βιβλίον,-ου, τό
두루마리 βίβλος,-ου, ἡ
둘 δύο
둘레에 κύκλῳ
듣다 ἀκούω
들어가다 εἰσέρχομαι
들어높이다 αἴρω
따라 κατά
따르면 κατά
땅 γῆ,-ῆς, ἡ
때(정해진 시간) καιρός,-οῦ, ὁ
때까지 ἄχρι
때문에 διά, ὅτι
때문에(이유) ἐπί
때에 ἐπί
떠나다 ἀπέρχομαι
떨어지다 πίπτω
뜻 θέλημα,-ατος, τό

ㅁ

마귀 δαιμόνιον,-ου, τό
마시다 πίνω
마음 καρδία,-ας, ἡ
마지막의 ἔσχατος,-η,-ον
만들다 ποιέω
만일 ἐάν, εἰ
많은 πολύς, πολλή, πολύ
많이 πολλά
말미암아 ὑπό
말씀 λόγος,-ου, ὁ
ῥῆμα,-τος, τό
말하다 λέγω, φημί
맹수 θηρίον,-ου, τό
머리 κεφαλή,-ῆς, ἡ
머무르다 μένω
먹다 ἐσθίω
멀리 μακράν
메시아 Χριστός,-οῦ, ὁ
모든 πᾶς(παντός), πᾶσα(πάσης), πᾶν(παντός)
모든 곳에 πάντῃ
모세 Μωϋσῆς,-έως, ὁ
모으다 συνάγω
목숨 ψυχή,-ῆς, ἡ
목자 ποιμήν,-ένος, ὁ
목적 τέλος,-ους, τό
몫 μέρος,-ους, τό
몸 σῶμα,-τος, τό
무덤 μνημεῖον,-ου, τό

무엇(의문대명사) τίς, τί
무엇보다 μάλιστα
문 θύρα,-ας, ἡ
문서 γραφή,-ῆς, ἡ
물 ὕδωρ, ὕδατος, τό
물고기 ἰχθύς,-ύος, ὁ
미련한 ἄφρων(-ονος),-ον
민족(들) ἔθνος,-ους, τό
믿다 πιστεύω
밑에 ὑπό
밑으로 ὑπό

ㅂ

바다 θάλασσα,-ης, ἡ
바람 πνεῦμα,-τος, τό
바보 같은 ἄφρων(-ονος),-ον
바오로 Παῦλος,-ου, ὁ
밖으로 ἐκ, ἐξ
받다 δέχομαι, λαμβάνω
발 πούς, ποδός, ὁ
발로 πεζῇ
밤 νύξ, νυκτός, ἡ
밭 ἀγρός,-οῦ, ὁ
백성 λαός,-οῦ, ὁ
변호사 ῥήτωρ,-ορος, ὁ
보내다 ἀποστέλλω, πέμπω
보다 αὐγάζω, βλέπω, ὁράω
보라! ἰδού
복받은 μακάριος,-α,-ον
복음 εὐαγγέλιον,-ου, τό
복음을 전하다 εὐαγγελίζομαι
복종시키다 ὑποτάσσω
부르다 καλέω
부인 γυνή, γυναικός, ἡ
부터(…으로부터) ἀπό
부활 ἀνάστασις,-εως, ἡ
북풍 βορρᾶς,-ᾶ, ὁ
분노 ὀργή,-ῆς, ἡ
분산 διασπορά,-ᾶς, ἡ
불 πῦρ,-ος, τό
비밀리에 λάθρᾳ
비유 παραβολή,-ῆς, ἡ
빛 φῶς, φωτός, τό
빵 ἄρτος,-ου, ὁ

ㅅ

사건 ῥῆμα,-τος, τό
사도 ἀπόστολος,-ου, ὁ
사람 ἀνήρ, ἀνδρός, ὁ
ἄνθρωπος,-ου, ὁ
사랑 ἀγάπη,-ης, ἡ
사랑받는 ἀγαπητός,-ή,-όν
사랑하다 ἀγαπάω, φιλέω
사막 ἔρημος,-ου, ἡ
사자(使者) ἄγγελος,-ου, ὁ
사탄 διάβολος,-ου, ὁ
산 ὄρος,-ους, τό
살(肉) σάρξ, σαρκός, ἡ
살다 ζάω
생명 ζωή,-ῆς, ἡ

서다 ἵστημι

서로 ἀλλήλων,-οις,-ους

선물 δῶρον,-ου, τό

선생 διδάσκαλος,-ου, ὁ

선포하다 κηρύσσω

선한 καλός,-ή,-όν

ἀγαθός,-ή,-όν

성경 γραφή,-ῆς, ἡ

성전(구역 전체) ἱερόν,-οῦ, τό

성전(성소, 건물 자체) ναός,-οῦ, ὁ

세 번째의 τρίτος,-η,-ον

세대 γενεά,-ᾶς, ἡ

세례 주다 βαπτίζω

세례자 βαπτιστής,-οῦ, ὁ

세상 κόσμος,-ου, ὁ

세우다 ἵστημι

셋 τρεῖς

소리 φωνή,-ῆς, ἡ

손 χείρ, χειρός, ἡ

수다 떨다 λαλέω

수석 사제 ἀρχιερεύς,-έως, ὁ

순교자 μάρτυς, μάρτυρος, ὁ

술 οἶνος,-ου, ὁ

시간 χρόνος,-ου, ὁ

ὥρα,-ας, ἡ

시대 αἰών,-ῶνος, ὁ

γενεά,-ᾶς, ἡ

시작 ἀρχή,-ῆς, ἡ

시작하다 ἄρχομαι

시키다 ἵημι

신 θεός,-οῦ, ὁ(ἡ)

신뢰 πίστις,-εως, ἡ

신실한 πιστός,-ή,-όν

신앙 πίστις,-εως, ἡ

실제로 ὄντως

심장 καρδία,-ας, ἡ

심판 κρίσις,-εως, ἡ

심판하다 κρίνω

십자가에 못 박다 σταυρόω

쓰다 γράφω

씨앗 σπέρμα,-τος, τό

ㅇ

아내 γυνή, γυναικός, ἡ

아니 μή

οὐ, οὐκ, οὐχ

아니(…도 아니) οὐδέ, οὔτε

아들 υἱός,-οῦ, ὁ

아래로 κατά

아마도 τάχα

아멘 ἀμήν

아무도 아니 οὐδείς, οὐδεμία, οὐδέν

아버지 πατήρ, πατρός, ὁ

아버지 없는 ἀπάτωρ(-τορος),
ἀπάτορ

아이(들) τέκνον,-ου, τό

아직 ἀκμήν, ἔτι

악령 δαιμόνιον,-ου, τό

악마 διάβολος,-ου, ὁ

악한 κακός,-ή,-όν

πονηρός,-ά,-όν

안식일 σάββατον,-ου, τό
안에 ἐν
안으로 εἰς
앉다 καθίζω
알다 γινώσκω
앞에 πρό
앞에서 ἔναντι
약속 ἐπαγγελία,-ας, ἡ
양 πρόβατον,-ου, τό
어둠 σκοτία,-ας, ἡ
어린이 παιδίον,-ου, τό
어머니 μήτηρ, μητρός, ἡ
얼굴 πρόσωπον,-ου, τό
없이 χωρίς
에게 ἐπί, πρός
여성의 θῆλυς,-εια,-υ
여신 θεός,-οῦ, ὁ(ἡ)
여태 ἀκμήν
여태 ἔτι
열다 ἀνοίγνυμι(-ίγω)
열매 καρπός,-οῦ, ὁ
열정 ἐπιθυμία,-ας, ἡ
영 δαιμόνιον,-ου, τό
πνεῦμα,-τος, τό
영광 δόξα,-ης, ἡ
영광스럽게 하다 δοξάζω
영들 πνεῦμα,-τος, τό
영원 αἰών,-ῶνος, ὁ
영원한 αἰώνιος,-ον
옆에 παρά
예리한 ὀξύς,-εῖα,-ύ

예수 Ἰησοῦς,-οῦ, ὁ
예언자 προφήτης,-ου, ὁ
오늘 σήμερον
오다 ἔρχομαι
오른쪽의 δεξιός,-ά,-όν
오히려 μᾶλλον
온갖 방법으로 πάντως
온전한 ὅλος,-η,-ον
올라가다 ἀναβαίνω
옳은 δίκαιος,-α,-ον
왕국 βασιλεία,-ας, ἡ
왕좌 θρόνος,-ου, ὁ
왜냐하면 ὅτι
요나 Ἰωνᾶς,-ᾶ, ὁ
요청하다 αἰτέω
욕망 ἐπιθυμία,-ας, ἡ
용서하다 ἀφίημι
우리의 ἡμέτερος,-α,-ον
우주 κόσμος,-ου, ὁ
운반하다 φέρω
원로의 πρεσβύτερος,-α,-ον
원하다 θέλω
위대한 μέγας, μεγάλη, μέγα
위로 ἀνά, ὑπέρ, ἐπί
위로하다 παρακαλέω
위에(장소) ἐπί
위에 ὑπέρ
위하여 πρός
유다 Ἰούδας,-α, ὁ
유일한 μόνος,-η,-ον
율법 νόμος,-ου, ὁ

율법학자 γραμματεύς,-έως, ὁ
은의 ἀργυροῦς,-ᾶ,-οῦν
은총 χάρις,-ιτος, ἡ
음성 φωνή,-ῆς, ἡ
의로운 δίκαιος,-α,-ον
의지 θέλημα,-ατος, τό
의해서(도구) ἐν
의해서(수동태) ὑπό
이것 οὗτος, αὕτη, τοῦτο
이교인들 ἔθνος,-ους, τό
이다 εἰμί
이름 ὄνομα,-τος, τό
이름 짓다 καλέω
이방인들 ἔθνος,-ους, τό
이야기하다 λαλέω
인도하다 ἄγω
일 ἔργον,-ου, τό
일어나다 ἐγείρω
일으키다 ἐγείρω
임금 βασιλεύς,-έως, ὁ
입 στόμα,-τος, τό
입다 ἐνδύω
있다 εἰμί

ㅈ

자녀 τέκνον,-ου, τό
자신의 ἴδιος,-α,-ον
작은 μικρός,-ά,-όν
장님의 τυφλός,-ή,-όν
장소 τόπος,-ου, ὁ
저것 ἐκεῖνος,-η,-ο
저마다 ἕκαστος,-η,-ον
전에 πρό
전체의 ὅλος,-η,-ον
젊은이 νεανίας,-ου, ὁ
정의 δικαιοσύνη,-ης, ἡ
제외하고 πλήν
제자 μαθητής,-οῦ, ὁ
족속 γένος,-ους, τό
종 δοῦλος,-ου, ὁ
종족 γένος,-ους, τό
좋게, 잘 καλῶς
좋아하다 φιλέω
좋은 καλός,-ή,-όν
죄 ἁμαρτία,-ας, ἡ
죄지은 ἁμαρτωλός,-όν
죄짓다 ἁμαρτάνω
주님 κύριος,-ου, ὁ
주다 δίδωμι
주변에 περί
주인 κύριος,-ου, ὁ
죽다 ἀποθνῄσκω
죽은 νεκρός,-ά,-όν
죽음 θάνατος,-ου, ὁ
죽이다 ἀποκτείνω
증인 μάρτυς, μάρτυρος, ὁ
지구 γῆ,-ῆς, ἡ
지나가다 διέρχομαι
지배하다 ἄρχω
지혜 σοφία,-ας, ἡ
진노 ὀργή,-ῆς, ἡ

진리 ἀλήθεια,-ας, ἡ
진실로 ἀληθῶς, ἀμήν
진실한 ἀληθής(-οῦς),-ές
짊어지다 φέρω
짐승 θηρίον,-ου, τό
집 οἰκία,-ας, ἡ
οἶκος,-ου, ὁ
집짓다 οἰκοδομεω
쫓아내다 ἐκβάλλω

ㅊ

차게 하다 πληρόω
착한 ἀγαθός,-ή,-όν
참된 ἀληθής(-οῦς),-ές
찾다 εὑρίσκω
찾다 ζητέω
채우다 πληρόω
책 βιβλίον,-ου, τό
βίβλος,-ου, ἡ
처음 ἀρχή,-ῆς, ἡ
처음에 πρῶτον
처음의 πρῶτος,-η,-ον
천사 ἄγγελος,-ου, ὁ
초대하다 καλέω
출구 ἔξοδος,-ου, ἡ
충만한 πλήρης(-οῦς),-ές
취하다 λαμβάνω
치유하다 θεραπεύω

ㅋ

큐빗 πῆχυς,-εως, ὁ

ㅌ

탈출 ἔξοδος,-ου, ἡ
통과하다 διέρχομαι
통치자 ἄρχων,-οντος, ὁ
통하여 διά
틀림없이 πάντως

ㅍ

파견하다 ἀποστέλλω
파괴하다 λύω
평화 εἰρήνη,-ης, ἡ
폭풍 λαῖλαψ,-απος, ἡ
표징 σημεῖον,-ου, τό
풀다 λύω
피 αἷμα,-τος, τό
필요 χρεία,-ας, ἡ

ㅎ

하게 하다 ἀφίημι
하나 εἷς, μία, ἕν
하늘 οὐρανός,-οῦ, ὁ
하다 ποιέω
하다는 것을 ὅτι
하도록 ὅπως

하도록(접속사) ἵνα
하려 하다 μέλλω
한편으로 … 다른 한편으로 μέν ... δέ
할례 περιτομή,-ῆς, ἡ
함께 ἅμα, σύν, μετά
향하여 πρός
해(年) ἔτος,-ους, τό
해야 하다 ὀφείλω
해야 한다 δεῖ
행복한 μακάριος,-α,-ον
향하여 εἰς
허락하다 ἀφίημι
현명한 σώφρων(-ρονος), σώφρον
형제 ἀδελφός,-οῦ, ὁ
혼 ψυχή,-ῆς, ἡ
황소 βοῦς, βοός, ὁ
회당 συναγωγή,-ῆς, ἡ
흩어짐 διασπορά,-ᾶς, ἡ
희망 ἐλπίς,-ίδος, ἡ
힘 δύναμις,-εως, ἡ

동사의 여섯 가지 기본형

I. 알파벳 순

α

현재 능동	미래 능동	단과 능동	현완 능동	현완 중간·수동	단과 수동	뜻
ἀγαπάω	ἀγαπήσω	ἠγάπησα	ἠγάπηκα	ἠγάπημαι	ἠγαπήθην	사랑하다
ἀγγέλλω	ἀγγελῶ	ἤγγειλα	ἤγγελκα	ἤγγελμαι	ἠγγέλ(θ)ην	알리다
ἄγω	ἄξω	ἤγαγον/ἦξα	ἦχα	ἦγμαι	ἤχθην	인도하다
ᾄδω	ᾄσομαι	ᾖσα	-	ᾖσμαι	ᾔσθην	노래하다
αἰδέομαι	αἰδέσομαι	-	-	ᾔδεσμαι	ᾐδέσθην	느끼다, 존경하다
αἱρέω	αἱρήσω/ ἑλῶ	εἷλον	ᾕρηκα	ᾕρημαι	ᾑρέθην	취하다; (중간)선택하다
αἰσθάνομαι	αἰσθήσομαι	ᾐσθόμην	-	ᾔσθημαι	-	깨닫다
αἰτέω	αἰτήσω	ᾔτησα	ᾔτηκα	ᾔτημαι	ᾐτήθην	청하다
ἀκούω	ἀκούσω/ ἀκούσομαι	ἤκουσα	ἀκήκοα	(ἤκουσμαι)	ἠκούσθην	듣다
ἁλίσκομαι	ἁλώσομαι	ἑάλων	ἑάλωκα	-	-	사로잡히다
고전 그리스어 이외:		ἥλων	ἥλωκα	*αἱρέω의 수동태로 쓰임		
ἀλλάσσω	ἀλλάξω	ἤλλαξα	ἤλλαχα	ἤλλαγμαι	ἠλλάγην	바꾸다
ἀνοίγνυμι/ ἀνοίγω	ἀνοίξω	ἀνέῳξα	ἀνέῳχα/ ἀνέῳγα	ἀνέῳγμαι	ἀνεῴχθην	열다
(ἀπο)διδράσκω	-δράσομαι	-έδραν	-δέδρακα	-	-	달아나다
ἀποκτείνω	ἀποκτενῶ	ἀπέκτεινα	ἀπέκτονα	-	-	죽이다, 파괴하다
*고전 그리스어에서는 수동태 ἀποθνήσκω를 사용						
ἀπόλλυμι	ἀπολέσω/ ἀπολῶ	ἀπώλεσα; (제2중간) ἀπωλόμην	ἀπολώλεκα/ ἀπόλωλα	-	-	파괴하다; (중간) 폐허가 되다
ἅπτω	ἅψω	ἧψα	-	ἧμμαι	ἥφθην	불을 밝히다; (중간)만지다

현재 능동	미래 능동	단과 능동	현완 능동	현완 중간·수동	단과 수동	뜻
ἀρέσκω	ἀρέσω	ἤρεσα	-	-	-	즐겁게 하다; (중간)위로하다
ἁρπάζω	ἁρπάσω/ ἁρπάσομαι	ἥρπασα	ἥρπακα	ἥρπασμαι	ἡρπάσθην	붙잡다
ἄρχω	ἄρξω	ἦρξα	ἦρχα	ἦργμαι	ἤρχθην	다스리다; (중간)시작하다
ἀφικνέομαι	ἀφίξομαι	ἀφικόμην	-	ἀφῖγμαι	-	닿다, 도착하다
β						
βαίνω	βήσομαι	ἔβην	βέβηκα	βέβαμαι	ἐβάθην	가다
βάλλω	βαλῶ	ἔβαλον	βέβλεκα	βέβλεμαι	ἐβλήθην	던지다
βιόω	βιώσομαι	ἐβίων	βεβίωκα	βεβίωμαι	-	살다
βλέπω	βλέψομαι/ βλέψω	ἔβλεψα	-	-	-	보다
γ						
γαμέω	γαμῶ	ἔγημα	γεγάμηκα	γεγάμημαι	ἐγαμήθην	혼인하다
γεννάω	γεννήσω	ἐγέννησα	γεγέννηκα	γεγέννημαι	ἐγεννήθην	낳다
γηράσκω/ γηράω	γηράσομαι/ γηράσω	ἐγήρασα	γεγήρακα	-	-	늙어가다
γί(γ)νομαι	γενήσομαι	ἐγενόμην	γέγονα	γεγένημαι	ἐγενήθην	되다
γι(γ)νώσκω	γνώσομαι	ἔγνων	ἔγνωκα	ἔγνωσμαι	ἐγνώσθην	알다
γράφω	γράψω	ἔγραψα	γέγραφα	γέγραμμαι	ἐγράφην	쓰다
δ						
δείκνυμι/ δεικνύω	δείξω	ἔδειξα	δέδειχα	δέδειγμαι	ἐδείχθην	보여 주다
δέχομαι	δέξομαι	ἐδεξάμην	-	δέδεγμαι	ἐδέχθην	받아들이다
δέω	δήσω	ἔδησα	δέδεκα	δέδεμαι	ἐδέθην	묶다
δέω/ δέομαι	δεήσω	ἐδέησα	δεδέηκα	δεδέημαι	ἐδεήθην	부족하다, 요청하다
διδάσκω	διδάξω	ἐδίδαξα	δεδίδαχα	δεδίδαγμαι	ἐδιδάχθην	가르치다; (중간)배우다

현재 능동	미래 능동	단과 능동	현완 능동	현완 중간·수동	단과 수동	뜻
δίδωμι	δώσω	ἔδωκα	δέδωκα	δέδομαι	ἐδόθην	주다
		(제2중간) ἐδόμην				
διώκω	διώχομαι/	ἐδίωξα	δεδίωχα	δεδίωγμαι	ἐδιώχθην	박해하다
	διώξω					
δοκέω	δόξω	ἔδοξα	-	δέδογμαι	ἐδόχθην	…인 것 같다
δοξάζω	δοξάσω	ἐδόξασα	δεδόξακα	δεδόξασμαι	ἐδοξάσθην	영광스럽게 하다
δύναμαι	δυνήσομαι	ἐδυνησάμην	-	δεδύνημαι	ἐδυνήθην	할 수 있다
ϵ						
ἐάω	ἐάσω	εἴασα	εἴακα	εἴαμαι	εἰάθην	허락하다
ἐγείρω	ἐγερῶ	ἤγειρα	ἐγήγερκα	ἐγήγερμαι	ἠγέρθην	일으키다
εἶμι	-	-	-	-	-	가다
εἰμί	ἔσομαι	-	-	-	-	…이다, 있다
ἐλαύνω	ἐλῶ	ἤλασα	ἐλήλακα	ἐλήλαμαι	ἠλάθην	운전하다
ἐλέγχω	ἐλέγξω	ἤλεγξα	-	ἐλήλεγμαι	ἠλέγχθην	조사하다,
						확인하다
ἕλκω	ἕλξω	εἵλκυσα	εἵλκυκα	εἵλκυσμαι	εἱλκύσθην	끌어당기다
ἐλπίζω	ἐλπιῶ	ἤλπισα	ἤλπικα	-	-	희망하다
ἐπίσταμαι	ἐπιστήσομαι	-	-	-	ἠπιστήθην	이해하다
ἕπομαι	ἕψομαι	ἑσπόμην	-	-	-	따라가다
미완료 εἱπόμην						
ἐργάζομαι	ἐργάσομαι	ἠργασάμην	-	εἴργασμαι	ἠργάσθην	일하다
ἔρχομαι	ἐλεύσομαι	ἦλθον	ἐλήλυθα	-	-	가다
ἐρωτάω	ἐρωτήσω	ἠρώτησα	ἠρώτηκα	ἠρώτημαι	ἠρωτήθην	묻다
ἐσθίω	ἔδομαι/	ἔφαγον	ἐδήδοκα	ἐδήδεσμαι	ἠδέσθην	먹다
	φάγομαι					
ἑτοιμάζω	ἑτοιμάσω	ἡτοίμασα	ἡτοίμακα	ἡτοίμασμαι	ἡτοιμάσθην	준비하다
εὐαγγελίζω	εὐαγγελίσω	εὐηγγέλισα	εὐηγγέλικα	-ηγγέλισμαι	-ηγγελίσθην	복음을 선포하다
εὑρίσκω	εὑρήσω	εὗρον	εὕρηκα	εὕρημαι	εὑρέθην	발견하다

*단순과거 능동태 · 수동태와 현재완료에서 가끔 ηὑ- 쓰임

현재 능동	미래 능동	단과 능동	현완 능동	현완 중간·수동	단과 수동	뜻
εὔχομαι	εὔξομαι	ηὐξάμην	-	ηὖγμαι	-	기도하다, 뽐내다
ἔχω (미완료) εἶχον	ἕξω/σχήσω	ἔσχον	ἔσχηκα	ἔσχημαι	ἐσχέθην	가지다
η						
ἥκω	ἥξω	ἧξα	ἧκα	-	-	왔다
θ						
θάπτω	θάψω	ἔθαψα	-	τέθαμμαι	ἐτάφην	묻다
θαυμάζω	θαυμάσομαι	ἐθαύμασα	τεθαύμακα	-	ἐθαυμάσθην	놀라다, 경탄하다
θλίβω	θλίψω	ἔθλιψα	τέθλιφα	τέθλιμμαι	ἐθλίφθην	억누르다
θνή(ῄ)σκω	θανοῦμαι	ἔθανον	τέθνηκα	-	-	죽다; (제2단과, 현완)죽어 있다
*ἀποθνή(ῄ)σκω는 ἀποκτείνω의 수동태로 쓰임						
θύω	θύσω	ἔθυσα	τέθυκα	τέθυμαι	ἐτύθην	희생하다, 제사 지내다
ι						
ἵημι	ἥσω	ἧκα (제2중간) εἵμην	εἶκα	εἶμαι	εἵθην	보내다, 던지다
ἱλάσκομαι	ἱλάσομαι	ἱλασάμην	-	-	ἱλάσθην	용서하다
ἵσταμαι	στήσομαι	ἐστησάμην	-	-	-	(내 자신을 위해서) 세우다
ἵστημι	στήσω	ἔστησα ἔστην	 ἕστηκα/ ἕστατον	 ἕσταμαι	ἐστάθην	(타동)세우다; (자동)서다
κ						
καθαίρω	καθαρῶ	ἐκάθηρα	-	κεκάθαρμαι	ἐκαθάρθην	정화하다
*καθαιρέω와 혼동하지 말 것						
καίω/κάω	καύσω	ἔκαυσα	κέκαυκα	κέκαυμαι	ἐκαύθην	태우다
καλύπτω	καλύψω	ἐκάλυψα	-	κεκάλυμμαι	ἐκαλύφθην	덮다
κελεύω	κελεύσω	ἐκέλευσα	κεκέλευκα	κεκέλευσμαι	ἐκελεύσθην	명령하다
*현완 중간태 · 수동태와 단과 수동태의 -σ-에 유의. θεραπεύω(치료하다), πιστεύω(믿다)는 -σ-가 없음.						
κηρύσσω	κηρύξω	ἐκήρυξα	κεκήρυξα	κεκήρυγμαι	ἐκηρύχθην	알리다

현재 능동	미래 능동	단과 능동	현완 능동	현완 중간·수동	단과 수동	뜻
κλέπτω	κλέψω/ κλέψομαι	ἔκλεψα	κέκλοφα	κέκλεμμαι	ἐκλάπην	훔치다
κλίνω	κλινῶ	ἔκλινα	κέκλικα	κέκλιμαι	ἐκλίθην	구부리다
κόπτω	κόψω	ἔκοψα	κέκοφα	κέκομμαι	ἐκόπην	자르다; (중간)애도하다
κρίνω	κρινῶ	ἔκρινα	κέκρικα	κέκριμαι	ἐκρίθην	판단하다
κρύπτω	κρύψω	ἔκρυψα	κέκρυφα	κέκρυμμαι	ἐκρύφθην	숨다
κτάομαι	κτήσομαι	ἐκτησάμην	-	κέκτημαι	-	획득하다
λ						
λαμβάνω	λή(μ)ψομαι	ἔλαβον	εἴληφα	εἴλημμαι	ἐλή(μ)φθην	취하다
λανθάνω/ λήθω	λήσω	ἔλαθον	λέληθα	-	-	도망치다, 알아채다
λέγω	λέξω	ἔλεξα	-	λέλεγμαι	ἐλέχθην	모으다
λέγω(εἴρω)	ἐρῶ	εἶπον	εἴρηκα	εἴρημαι	ἐρρήθην	말하다
λείπω	λείψω	ἔλιπον	λέλοιπα	λέλειμμαι	ἐλείφθην	남겨두다
μ						
μανθάνω	μαθήσομαι	ἔμαθον	μεμάθηκα	-	-	배우다
μάχομαι	μαχοῦμαι	ἐμαχεσάμην	-	μεμάχημαι	-	싸우다
μέλω	μελήσω	ἐμέλησα	μεμέληκα	-	-	돌보다
μέμφομαι	μέμψομαι	ἐμεμψάμην	-	-	-	원망하다
μένω	μενῶ	ἔμεινα	μεμένηκα	-	-	머무르다
μιμνή(ῄ)σκω *합성동사: ἀναμιμνήσκω	μνήσω	ἔμνησα	-	μέμνημαι	ἐμνήσθην	기억나게 하다; (중간)기억하다
ν						
νομίζω	νομιῶ	ἐνόμισα	νενόμικα	νενόμισμαι	ἐνομίσθην	믿다
ξ						
ξηραίνω	ξηρανῶ	ἐξήρανα	-	ἐξήρασμαι	ἐξηράνθην	말리다, 건조하다
ο						
οἶμαι(←οἴομαι)	οἰήσομαι	-	-	(οἶμαι)	ᾠήθην	생각하다

현재 능동	미래 능동	단과 능동	현완 능동	현완 중간·수동	단과 수동	뜻
ὁράω	ὄψομαι	εἶδον	ἑώ(ό)ρακα	ἑώραμαι/ ὦμμαι	ὤφθην	보다
ὀρύσσω	ὀρύξω	ὤρυξα	ὀρώρυχα	ὀρώρυγμαι	ὠρύχθην/ ὠρύγην	파다
π						
πάσχω	πείσομαι	ἔπαθον	πέπονθα	-	-	수난하다
πείθω	πείσω	ἔπεισα	πέπεικα/ πέποιθα	πέπεισμαι	ἐπείσθην	설득하다
πειράζω	πειράσω	ἐπείρασα	πεπείρακα	πεπείρασμαι	ἐπειράσθην	유혹하다, 시험하다
πέμπω	πέμψω	ἔπεμψα	πέπομφα	πέπεμμαι	ἐπέμφθην	보내다
πίνω	πίο(ῦ)μαι	ἔπιον	πέπωκα	πέπομαι	ἐπόθην	마시다
πίπτω	πεσοῦμαι	ἔπεσον	πέπτωκα	-	-	떨어지다
πλέω	πλεύσομαι/ πλευσοῦμαι/ πλεύσω	ἔπλευσα	πέπλευκα	πέπλευσμαι	ἐπλεύσθην	항해하다
πλήσσω	πλήξω	ἔπληξα	πέπληγα	πέπληγμαι	ἐπλή(ά)γην	때리다
ποιέω	ποιήσω	ἐποίησα	πεποίηκα	πεποίημαι	ἐποιήθην	하다
πράσσω	πράξω	ἔπραξα	πέπραχ(γ)α	πέπραγμαι	ἐπράχθην	하다
πυνθάνομαι	πεύσομαι	ἐπυθόμην	-	πέπυσμαι	-	캐묻다, 배우다
ρ						
ῥέω	ῥεύσομαι/ ῥυήσομαι	ἔρρευσα	ἐρρύηκα	-	ἐρρύην	흐르다
ῥήγνυμι	ῥήξω	ἔρρηξα	ἔρρωγα	ἔρρηγμαι	ἐρράγην	깨뜨리다
σ						
σημαίνω	σημανῶ	ἐσήμηνα/ ἐσήμανα	-	σεσήμασμαι	ἐσημάνθην	보이다, 표시하다
σπείρω	σπερῶ	ἔσπειρα	ἔσπαρκα	ἔσπαρμαι	ἐσπάρην	씨뿌리다
στέλλω	στελῶ	ἔστειλα	ἔσταλκα	ἔσταλμαι	ἐστάλην	보내다, 파견하다
στρέφω	στρέψω	ἔστρεψα	ἔστροφα	ἔστραμμαι	ἐστράφην	돌아서다

현재 능동	미래 능동	단과 능동	현완 능동	현완 중간·수동	단과 수동	뜻
σφάσσω/ σφάζω	σφάξω	ἔσφαξα	ἔσφακα	ἔσφαγμαι	ἐσφάγην	죽이다, 살해하다
σώζω/σῴζω	σώσω	ἔσωσα	σέσωκα	σέσῳσμαι	ἐσώθην	구원하다
τ						
ταράσσω	ταράξω	ἐτάραξα	-	τετάραγμαι	ἐταράχθην	방해하다
τάσσω	τάξω	ἔταξα	τέταχα	τέταγμαι	ἐτάχθην	마련하다, 정리하다
τείνω	τενῶ	ἔτεινα	τέτακα	τέταμαι	ἐτάθην	펴다, 늘이다
*ἐκτείνω, προτείνω처럼 합성동사로 많이 쓰임						
τελέω	τελῶ	ἐτέλεσα	τετέλεκα	τετέλεσμαι	ἐτελέσθην	끝마치다
τέμνω	τεμῶ	ἔτεμον	τέτμηκα	τέτμημαι	ἐτμήθην	베다, 자르다
τίθημι	θήσω	ἔθηκα (제2중간) ἐθέμην	τέθεικα	τέθειμαι	ἐτέθην	놓다, 두다
τίκτω	τέξομαι	ἔτεκον	τέτοκα	-	ἐτέχθην	낳다
τιμάω	τιμήσω	ἐτίμησα	τετίμηκα	τετίμημαι	ἐτιμήθην	존경하다
τρέπω	τρέψω	ἔτρεψα/ ἔτραπον	τέτροφα	τέτραμμαι	ἐτράπην	돌아서다; (중간)도망가다
τρέφω	θρέψω	ἔθρεψα	τέτροφα	τέθραμμαι	ἐτράφην	기르다, 양육하다
τρέχω	δραμοῦμαι	ἔδραμον	δεδράμηκα	δεδράμημαι	-	달리다
τυγχάνω	τεύξομαι	ἔτυχον	τετύχηκα	τέτ(ε)υγμαι	ἐτ(ε)ύχθην	얻다
φ						
φαίνομαι	φανήσομαι	ἐφάνην	πέφηνα	φάνουμαι		(자동)나타나다
φαίνω	φανῶ	ἔφηνα	πέφαγκα	πέφασμαι	ἐφάνθην	(타동)보여주다
φανερόω	φανερώσω	ἐφανέρωσα	πεφανέρωκα	πεφανέρωμαι	ἐφανερώθην	나타나게 하다
φέρω	οἴσω	ἤνεγκα/ ἤνεγκον	ἐνήνοχα	ἐνήνεγμαι	ἠνέχθην	나르다, 운반하다
φεύγω	φεύξομαι	ἔφυγον	πέφευγα	-	-	달아나다
φημί	φήσω	ἔφησα	-	-	-	말하다
φθείρω *보통 διαφθείρω로 쓰임	φθερῶ	ἔφθειρα	ἔφθαρκα (중간)ἔφθορα	ἔφθαρμαι	ἐφθάρην	파괴하다

현재 능동	미래 능동	단과 능동	현완 능동	현완 중간·수동	단과 수동	뜻
φιλέω	φιλήσω	ἐφίλησα	πεφίληκα	πεφίλημαι	ἐφιλήθην	사랑하다
φυλάσσω	φυλάξω	ἐφύλαξα	πεφύλαχα	πεφύλαγμαι	ἐφυλάχθην	지키다, 수직하다; (현완 중간)…의 경호원이 되다
φύω	φύσω	ἔφυσα/ ἔφυν	πέφυκα	-	-	산출하다, 성장시키다
χ						
χέω	χεῶ	ἔχεα	κέχυκα	κέχυμαι	ἐχύθην	쏟다

II. 어간별 분류

1. 후음 어간(γ, κ, χ)

ἥκω	ἥξω	ἧξα	ἧκα	-	-	왔다
φεύγω	φεύξομαι	ἔφυγον	πέφευγα	-	-	달아나다
εὔχομαι	εὔξομαι	ηὐξάμην	-	ηὖγμαι	-	기도하다, 뽐내다
μάχομαι	μαχοῦμαι	ἐμαχεσάμην	-	μεμάχημαι	-	싸우다
τίκτω	τέξομαι	ἔτεκον	τέτοκα	-	ἐτέχθην	낳다
δοκέω	δόξω	ἔδοξα	-	δέδογμαι	ἐδόχθην	…인 것 같다
δέχομαι	δέξομαι	ἐδεξάμην	-	δέδεγμαι	ἐδέχθην	받아들이다
ἐλέγχω	ἐλέγξω	ἤλεγξα	-	ἐλήλεγμαι	ἠλέγχθην	조사하다, 확인하다
λέγω	λέξω	ἔλεξα	-	λέλεγμαι	ἐλέχθην	모으다
λέγω(εἴρω)	ἐρῶ	εἶπον	εἴρηκα	εἴρημαι	ἐρρήθην	말하다
ἄγω	ἄξω	ἤγαγον/ἦξα	ἦχα	ἦγμαι	ἤχθην	인도하다
ἄρχω	ἄρξω	ἦρξα	ἦρχα	ἦργμαι	ἤρχθην	다스리다; (중간)시작하다
διώκω	διώξομαι/ διώξω	ἐδίωξα	δεδίωχα	δεδίωγμαι	ἐδιώχθην	박해하다
ἕλκω	ἕλξω	εἵλκυσα	εἵλκυκα	εἵλκυσμαι	εἱλκύσθην	끌어당기다

현재 능동	미래 능동	단과 능동	현완 능동	현완 중간·수동	단과 수동	뜻
ἔχω 미완료 εἶχον	ἕξω/σχήσω	ἔσχον	ἔσχηκα	ἔσχημαι	ἐσχέθην	가지다

2. 순음 어간(β, π, φ)

현재 능동	미래 능동	단과 능동	현완 능동	현완 중간·수동	단과 수동	뜻
βλέπω	βλέψομαι/ βλέψω	ἔβλεψα	-	-	-	보다
ἕπομαι 미완료 εἱπόμην	ἕψομαι	ἑσπόμην	-	-	-	따라가다
μέμφομαι	μέμψομαι	ἐμεμψάμην	-	-	-	원망하다
θλίβω	θλίψω	ἔθλιψα	τέθλιφα	τέθλιμμαι	ἐθλίφθην	억누르다
λείπω	λείψω	ἔλιπον	λέλοιπα	λέλειμμαι	ἐλείφθην	남겨두다
γράφω	γράψω	ἔγραψα	γέγραφα	γέγραμμαι	ἐγράφην	쓰다
πέμπω	πέμψω	ἔπεμψα	πέπομφα	πέπεμμαι	ἐπέμφθην	보내다
στρέφω	στρέψω	ἔστρεψα	ἔστροφα	ἔστραμμαι	ἐστράφην	돌아서다
τρέπω	τρέψω	ἔτρεψα/ ἔτραπον	τέτροφα	τέτραμμαι	ἐτράπην	돌아서다; (중간)도망가다
τρέφω	θρέψω	ἔθρεψα	τέτροφα	τέθραμμαι	ἐτράφην	기르다, 양육하다

3. 치음 어간(δ, τ, θ)

현재 능동	미래 능동	단과 능동	현완 능동	현완 중간·수동	단과 수동	뜻
πίπτω	πεσοῦμαι	ἔπεσον	πέπτωκα	-	-	떨어지다
αἰδέομαι	αἰδέσομαι	-	-	ᾔδεσμαι	ᾐδέσθην	느끼다, 존경하다
ᾄδω	ᾄσομαι	ᾖσα	-	ᾖσμαι	ᾔσθην	노래하다
πείθω	πείσω	ἔπεισα	πέπεικα/ πέποιθα	πέπεισμαι	ἐπείσθην	설득하다
ἔρχομαι	ἐλεύσομαι	ἦλθον	ἐλήλυθα	-	-	가다
πάσχω	πείσομαι	ἔπαθον	πέπονθα	-	-	수난하다
τρέχω	δραμοῦμαι	ἔδραμον	δεδράμηκα	δεδράμημαι	-	달리다

현재 능동	미래 능동	단과 능동	현완 능동	현완 중간·수동	단과 수동	뜻
αἱρέω	αἱρήσω/ ἑλῶ	εἷλον	ᾕρηκα	ᾕρημαι	ᾑρέθην	취하다; (중간)선택하다
ἐσθίω	ἔδομαι/ φάγομαι	ἔφαγον	ἐδήδοκα	ἐδήδεσμαι	ἠδέσθην	먹다
φέρω	οἴσω	ἤνεγκα/ ἤνεγκον	ἐνήνοχα	ἐνήνεγμαι	ἠνέχθην	나르다, 운반하다

4. 비음 어간(μ, ν)

현재 능동	미래 능동	단과 능동	현완 능동	현완 중간·수동	단과 수동	뜻
ἀφικνέομαι	ἀφίξομαι	ἀφικόμην	-	ἀφῖγμαι	-	닿다, 도착하다
ἀποκτείνω	ἀποκτενῶ	ἀπέκτεινα	ἀπέκτονα	-	-	죽이다, 파괴하다
*고전 그리스어에서는 수동태 ἀποθνῄσκω를 사용						
μένω	μενῶ	ἔμεινα	μεμένηκα	-	-	머무르다
ξηραίνω	ξηρανῶ	ἐξήρανα	-	ἐξήρασμαι	ἐξηράνθην	말리다, 건조하다
σημαίνω	σημανῶ	ἐσήμηνα/ ἐσήμανα	-	σεσήμασμαι	ἐσημάνθην	보이다, 표시하다
γαμέω	γαμῶ	ἔγημα	γεγάμηκα	γεγάμημαι	ἐγαμήθην	혼인하다
κλίνω	κλινῶ	ἔκλινα	κέκλικα	κέκλιμαι	ἐκλίθην	구부리다
κρίνω	κρινῶ	ἔκρινα	κέκρικα	κέκριμαι	ἐκρίθην	판단하다
πίνω	πίο(ῡ)μαι	ἔπιον	πέπωκα	πέπομαι	ἐπόθην	마시다
τέμνω	τεμῶ	ἔτεμον	τέτμηκα	τέτμημαι	ἐτμήθην	베다, 자르다
ἐλαύνω	ἐλῶ	ἤλασα	ἐλήλακα	ἐλήλαμαι	ἠλάθην	운전하다
βαίνω	βήσομαι	ἔβην	βέβηκα	βέβαμαι	ἐβάθην	가다
τείνω	τενῶ	ἔτεινα	τέτακα	τέταμαι	ἐτάθην	펴다, 늘이다
*ἐκτείνω, προτείνω처럼 합성동사로 많이 쓰임						
φαίνω	φανῶ	ἔφηνα	πέφαγκα	πέφασμαι	ἐφάνθην	(타동)보여주다
φαίνομαι	φανήσομαι	ἐφάνην	πέφηνα	φάνουμαι		(자동)나타나다

현재 능동	미래 능동	단과 능동	현완 능동	현완 중간·수동	단과 수동	뜻
5. 유음 어간(ρ)						
καθαίρω	καθαρῶ	ἐκάθηρα	-	κεκάθαρμαι	ἐκαθάρθην	정화하다
*καθαιρέω와 혼동하지 말 것						
ἐγείρω	ἐγερῶ	ἤγειρα	ἐγήγερκα	ἐγήγερμαι	ἠγέρθην	일으키다
σπείρω	σπερῶ	ἔσπειρα	ἔσπαρκα	ἔσπαρμαι	ἐσπάρην	씨뿌리다
φθείρω	φθερῶ	ἔφθειρα	ἔφθαρκα	ἔφθαρμαι	ἐφθάρην	파괴하다
*보통 διαφθείρω로 쓰임			(중간)ἔφθορα			
6. πτ 어간						
ἅπτω	ἅψω	ἧψα	-	ἧμμαι	ἥφθην	불을 밝히다; (중간)만지다
θάπτω	θάψω	ἔθαψα	-	τέθαμμαι	ἐτάφην	묻다
καλύπτω	καλύψω	ἐκάλυψα	-	κεκάλυμμαι	ἐκαλύφθην	덮다
κλέπτω	κλέψω/ κλέψομαι	ἔκλεψα	κέκλοφα	κέκλεμμαι	ἐκλάπην	훔치다
κόπτω	κόψω	ἔκοψα	κέκοφα	κέκομμαι	ἐκόπην	자르다; (중간) 애도하다
κρύπτω	κρύψω	ἔκρυψα	κέκρυφα	κέκρυμμαι	ἐκρύφθην	숨다
7. λλ 어간						
ἀγγέλλω	ἀγγελῶ	ἤγγειλα	ἤγγελκα	ἤγγελμαι	ἠγγέλ(θ)ην	알리다
βάλλω	βαλῶ	ἔβαλον	βέβλεκα	βέβλεμαι	ἐβλήθην	던지다
στέλλω	στελῶ	ἔστειλα	ἔσταλκα	ἔσταλμαι	ἐστάλην	보내다, 파견하다
8. -σκω, -ίσκω 어간						
ἀρέσκω	ἀρέσω	ἤρεσα	-	-	-	즐겁게 하다; (중간)위로하다

현재 능동	미래 능동	단과 능동	현완 능동	현완 중간·수동	단과 수동	뜻
ἱλάσκομαι	ἱλάσομαι	ἱλασάμην	-	-	ἱλάσθην	용서하다
ἁλίσκομαι	ἁλώσομαι	ἑάλων	ἑάλωκα	-	-	사로잡히다
고전 그리스어 이외:		ἥλων	ἥλωκα	*αἱρέω의 수동태로 쓰임		
(ἀπο)διδράσκω						
	-δράσομαι	-έδραν	-δέδρακα	-	-	달아나다
θνή(ῄ)σκω	θανοῦμαι	ἔθανον	τέθνηκα	-	-	죽다;
*ἀποθνή(ῄ)σκω는 ἀποκτείνω의 수동태로 쓰임						(제2단과, 현완)죽어 있다
γηράσκω/ γηράω	γηράσομαι/ γηράσω	ἐγήρασα	γεγήρακα	-	-	늙어가다
μιμνή(ῄ)σκω	μνήσω	ἔμνησα	-	μέμνημαι	ἐμνήσθην	기억나게 하다;
*합성동사: ἀναμιμνήσκω						(중간)기억하다
γι(γ)νώσκω	γνώσομαι	ἔγνων	ἔγνωκα	ἔγνωσμαι	ἐγνώσθην	알다
διδάσκω	διδάξω	ἐδίδαξα	δεδίδαχα	δεδίδαγμαι	ἐδιδάχθην	가르치다; (중간)배우다
εὑρίσκω	εὑρήσω	εὗρον	εὕρηκα	εὕρημαι	εὑρέθην	발견하다
*단순과거 능동태 · 수동태와 현재완료에서 가끔 ηὑ- 쓰임						

9. −σσω(고전 그리스어: −ττω) 어간

현재 능동	미래 능동	단과 능동	현완 능동	현완 중간·수동	단과 수동	뜻
ταράσσω	ταράξω	ἐτάραξα	-	τετάραγμαι	ἐταράχθην	방해하다
*어간: ταραχ-						
ἀλλάσσω	ἀλλάξω	ἤλλαξα	ἤλλαχα	ἤλλαγμαι	ἠλλάγην	바꾸다
*어간: ἀλλαγ-						
κηρύσσω	κηρύξω	ἐκήρυξα	κεκήρυξα	κεκήρυγμαι	ἐκηρύχθην	알리다
*어간: κηρυχ-						
ὀρύσσω	ὀρύξω	ὤρυξα	ὀρώρυχα	ὀρώρυγμαι	ὠρύχθην/	파다
*어간: ὀρυχ-					ὠρύγην	
πλήσσω	πλήξω	ἔπληξα	πέπληγα	πέπληγμαι	ἐπλή(ά)γην	때리다
*어간: πλαγ-/πληγ- 참조: πλήγνυμι. 흔히 합성동사로 나타남						

현재 능동	미래 능동	단과 능동	현완 능동	현완 중간·수동	단과 수동	뜻
πράσσω	πράξω	ἔπραξα	πέπραχ(γ)α	πέπραγμαι	ἐπράχθην	하다
*어간: πραγ-						
σφάσσω/ σφάζω	σφάξω	ἔσφαξα	ἔσφακα	ἔσφαγμαι	ἐσφάγην	죽이다, 살해하다
*어간: σφαγ-						
τάσσω	τάξω	ἔταξα	τέταχα	τέταγμαι	ἐτάχθην	마련하다, 정리하다
*어간: ταγ-						
φυλάσσω	φυλάξω	ἐφύλαξα	πεφύλαχα	πεφύλαγμαι	ἐφυλάχθην	지키다, 수직하다; (현완 중간)...의 경호원이 되다
*어간: φυλακ-						
10. –ζω로 끝남						
ἐλπίζω	ἐλπιῶ	ἤλπισα	ἤλπικα	-	-	희망하다
*어간: ἐλπιδ-						
ἐργάζομαι	ἐργάσομαι	ἠργασάμην	-	εἴργασμαι	ἠργάσθην	일하다
*어간: ἐργ-						
θαυμάζω	θαυμάσομαι	ἐθαύμασα	τεθαύμακα	-	ἐθαυμάσθην	놀라다, 경탄하다
*어간: θαυμαδ-						
ἑτοιμάζω	ἑτοιμάσω	ἡτοίμασα	ἡτοίμακα	ἡτοίμασμαι	ἡτοιμάσθην	준비하다
*어간: ἑτοιμ-						
εὐαγγελίζω	εὐαγγελίσω	εὐηγγέλισα	εὐηγγέλικα	-ηγγέλισμαι	-ηγγελίσθην	복음을 선포하다
νομίζω	νομιῶ	ἐνόμισα	νενόμικα	νενόμισμαι	ἐνομίσθην	믿다
*어간: νομο-						
ἁρπάζω	ἁρπάσω/ ἁρπάσομαι	ἥρπασα	ἥρπακα	ἥρπασμαι	ἡρπάσθην	붙잡다
*어간: ἁρπαγ-						
δοξάζω	δοξάσω	ἐδόξασα	δεδόξακα	δεδόξασμαι	ἐδοξάσθην	영광스럽게 하다
πειράζω	πειράσω	ἐπείρασα	πεπείρακα	πεπείρασμαι	ἐπειράσθην	유혹하다, 시험하다

현재 능동	미래 능동	단과 능동	현완 능동	현완 중간·수동	단과 수동	뜻
σώζω/σῴζω	σώσω	ἔσωσα	σέσωκα	σέσῳσμαι	ἐσώθην	구원하다
*어간: σω-, σωι-						
**καθαρίζω(정화하다), στηρίζω(확립하다)도 여기에 속함						

11. -ανω로 끝남

현재 능동	미래 능동	단과 능동	현완 능동	현완 중간·수동	단과 수동	뜻
λανθάνω/ λήθω	λήσω	ἔλαθον	λέληθα	-	-	도망치다, 알아채다
μανθάνω	μαθήσομαι	ἔμαθον	μεμάθηκα	-	-	배우다
αἰσθάνομαι	αἰσθήσομαι	ᾐσθόμην	-	ᾔσθημαι	-	깨닫다
πυνθάνομαι	πεύσομαι	ἐπυθόμην	-	πέπυσμαι	-	캐묻다, 배우다
λαμβάνω	λή(μ)ψομαι	ἔλαβον	εἴληφα	εἴλημμαι	ἐλή(μ)φθην	취하다
τυγχάνω	τεύξομαι	ἔτυχον	τετύχηκα	τέτ(ε)υγμαι	ἐτ(ε)ύχθην	얻다

12. -μι로 끝남

현재 능동	미래 능동	단과 능동	현완 능동	현완 중간·수동	단과 수동	뜻
-μι						
εἶμι	-	-	-	-	-	가다
εἰμί	ἔσομαι	-	-	-	-	…이다, 있다
φημί	φήσω	ἔφησα	-	-	-	말하다
ἀπόλλυμι	ἀπολέσω/ ἀπολῶ	ἀπώλεσα (제2중간) ἀπωλόμην	ἀπολώλεκα/ ἀπόλωλα	-	-	파괴하다; (중간) 폐허가 되다
δίδωμι	δώσω	ἔδωκα (제2중간) ἐδόμην	δέδωκα	δέδομαι	ἐδόθην	주다
ἵημι	ἥσω	ἧκα (제2중간) εἵμην	εἶκα	εἶμαι	εἵθην	보내다, 던지다
τίθημι	θήσω	ἔθηκα (제2중간) ἐθέμην	τέθεικα	τέθειμαι	ἐτέθην	놓다, 두다

현재 능동	미래 능동	단과 능동	현완 능동	현완 중간·수동	단과 수동	뜻
ἵστημι	στήσω	ἔστησα			ἐστάθην	(타동)세우다;
		ἔστην	ἕστηκα/ ἕστατον	ἕσταμαι		(자동)서다
ἵσταμαι	στήσομαι	ἐστησάμην	-	-	-	(내 자신을 위해서) 세우다
−νυμι						
ἀνοίγνυμι/ ἀνοίγω	ἀνοίξω	ἀνέῳξα	ἀνέῳχα/ ἀνέῳγα	ἀνέῳγμαι	ἀνεῴχθην	열다
δείκνυμι/ δεικνύω	δείξω	ἔδειξα	δέδειχα	δέδειγμαι	ἐδείχθην	보여 주다
ῥήγνυμι	ῥήξω	ἔρρηξα	ἔρρωγα	ἔρρηγμαι	ἐρράγην	깨뜨리다

13. −α−로 끝남

ἐπίσταμαι	ἐπιστήσομαι	-	-	-	ἠπιστήθην	이해하다
κτάομαι	κτήσομαι	ἐκτησάμην	-	κέκτημαι	-	획득하다
δύναμαι	δυνήσομαι	ἐδυνησάμην	-	δεδύνημαι	ἐδυνήθην	할 수 있다
ἀγαπάω	ἀγαπήσω	ἠγάπησα	ἠγάπηκα	ἠγάπημαι	ἠγαπήθην	사랑하다
γεννάω	γεννήσω	ἐγέννησα	γεγέννηκα	γεγέννημαι	ἐγεννήθην	낳다
ἐάω	ἐάσω	εἴασα	εἴακα	εἴαμαι	εἰάθην	허락하다
ἐρωτάω	ἐρωτήσω	ἠρώτησα	ἠρώτηκα	ἠρώτημαι	ἠρωτήθην	묻다
καίω/κάω	καύσω	ἔκαυσα	κέκαυκα	κέκαυμαι	ἐκαύθην	태우다
*κάω의 현재는 단축 어미를 갖지 않음						
ὁράω *혼합 어간	ὄψομαι	εἶδον	ἑώ(ό)ρακα	ἑώραμαι/ ὦμμαι	ὤφθην	보다
τιμάω	τιμήσω	ἐτίμησα	τετίμηκα	τετίμημαι	ἐτιμήθην	존경하다

현재 능동	미래 능동	단과 능동	현완 능동	현완 중간·수동	단과 수동	뜻

14. -ε-로 끝남

현재 능동	미래 능동	단과 능동	현완 능동	현완 중간·수동	단과 수동	뜻
μέλω	μελήσω	ἐμέλησα	μεμέληκα	-	-	돌보다
*μέλει(…하려 하다)는 비인칭으로 자주 쓰임						
ῥέω	ῥεύσομαι/ ῥυήσομαι	ἔρρευσα	ἐρρύηκα	-	ἐρρύην	흐르다
αἰτέω	αἰτήσω	ᾔτησα	ᾔτηκα	ᾔτημαι	ᾐτήθην	청하다
δέω	δήσω	ἔδησα	δέδεκα	δέδεμαι	ἐδέθην	묶다
δέω/ δέομαι	δεήσω	ἐδέησα	δεδέηκα	δεδέημαι	ἐδεήθην	부족하다, 요청하다
πλέω	πλεύσομαι/ πλευσοῦμαι/ πλεύσω	ἔπλευσα	πέπλευκα	πέπλευσμαι	ἐπλεύσθην	항해하다
ποιέω	ποιήσω	ἐποίησα	πεποίηκα	πεποίημαι	ἐποιήθην	하다
τελέω	τελῶ	ἐτέλεσα	τετέλεκα	τετέλεσμαι	ἐτελέσθην	끝마치다
φιλέω	φιλήσω	ἐφίλησα	πεφίληκα	πεφίλημαι	ἐφιλήθην	사랑하다
χέω	χεῶ	ἔχεα	κέχυκα	κέχυμαι	ἐχύθην	쏟다
*본디 어간은 χύ-이다. ἐκχέω로 자주 쓰임						

15. 그 밖의 모음 어간

현재 능동	미래 능동	단과 능동	현완 능동	현완 중간·수동	단과 수동	뜻
-ο-						
βιόω	βιώσομαι	ἐβίων	βεβίωκα	βεβίωμαι	-	살다
φανερόω	φανερώσω	ἐφανέρωσα	πεφανέρωκα	πεφανέρωμαι	ἐφανερώθην	나타나게 하다
*πληρόω(채우다), σταυρόω(십자가에 못 박다)도 여기에 속함, 이 경우엔 -σ- 없음						
-ευ-						
κελεύω	κελεύσω	ἐκέλευσα	κεκέλευκα	κεκέλευσμαι	ἐκελεύσθην	명령하다
*현완 중간태 · 수동태와 단과 수동태의 -σ-에 유의. θεραπεύω(치료하다), πιστεύω(믿다)는 -σ-가 없음.						

현재 능동	미래 능동	단과 능동	현완 능동	현완 중간·수동	단과 수동	뜻
−οι−, −ου−, −υ−, 등						
οἶμαι(←οἴομαι)						
	οἰήσομαι	-	-	(οἶμαι)	ᾠήθην	생각하다
φύω	φύσω	ἔφυσα/ ἔφυν	πέφυκα	-	-	산출하다, 성장시키다
ἀκούω	ἀκούσω/ ἀκούσομαι	ἤκουσα	ἀκήκοα	(ἤκουσμαι)	ἠκούσθην	듣다
θύω	θύσω	ἔθυσα	τέθυκα	τέθυμαι	ἐτύθην	희생하다, 제사 지내다
γί(γ)νομαι	γενήσομαι	ἐγενόμην	γέγονα	γεγένημαι	ἐγενήθην	되다

λύω 동사의 어형변화표

능동태		현재	미완료	미래	단순과거	현재완료	과거완료
직설법		λύω	ἔλυον	λύσω	ἔλυσα	λέλυκα	ἐλελύκειν
접속법		λύω			λύσω	λελύκω	
희구법		λύοιμι		λύσοιμι	λύσαιμι	λελύκοιμι	
명령법	2	λῦε			λῦσον	λέλυκε	
	3	λυέτω			λυσάτω	λελυκέτω	
부정사		λύειν		λύσειν	λῦσαι	λελυκέναι	
분사	남	λύων		λύσων	λύσας	λελυκώς	
	여	λύουσα		λύσουσα	λύσασα	λελυκυῖα	
	중	λῦον		λῦσον	λῦσαν	λελυκός	
중간태							
직설법		λύομαι	ἐλυόμην	λύσομαι	ἐλυσάμην	λέλυμαι	ἐλελύμην
접속법		λύωμαι			λύσωμαι	λελυμένος ὦ	
희구법		λυοίμην		λυσοίμην	λυσαίμην	λελυμένος εἴην	
명령법	2	λύου			λῦσαι	λέλυσο	
	3	λυέσθω			λυσάσθω	λελύσθω	
부정사		λύεσθαι		λύσεσθαι	λύσασθαι	λελύσθαι	
분사	남	λυόμενος		λυσόμενος	λυσάμενος	λελυμένος	
	여	λυομένη		λυσομένη	λυσαμένη	λελυμένη	
	중	λυόμενον		λυσόμενον	λυσάμενον	λελυμένον	
수동태							
직설법		λύομαι	ἐλυόμην	λυθήσομαι	ἐλύθην	λέλυμαι	ἐλελύμην
접속법		λύωμαι			λυθῶ	λελυμένος ὦ	
희구법		λυοίμην		λυθησοίμην	λυθείην	λελυμένος εἴην	
명령법	2	λύου			λύθητι	λέλυσο	
	3	λυέσθω			λυθήτω	λελύσθω	
부정사		λύεσθαι		λυθήσεσθαι	λυθῆναι	λελύσθαι	
분사	남	λυόμενος		λυθησόμενος	λυθείς	λελυμένος	
	여	λυομένη		λυθησομένη	λυθεῖσα	λελυμένη	
	중	λυόμενον		λυθησόμενον	λυθέν	λελυμένον	

익힘 해답

제3과

1. 나는 말한다. 그런데 너는 듣지 않는다.
2. 너는 가르친다. 그리고 그들은 쓴다.
3. 우리는 원한다. 그리고 받는다.
4. 너희는 던진다. 그리고 그들은 파괴한다.
5. 우리는 보지 않는다. 그리고 믿는다.
6. 그들이 아니다. (또는 그들은 없다.)
7. 나는 가르친다. 그런데 너희는 알지 못한다.
8. 너는 원한다. 그런데 갖지 못한다.
9. 우리는 당신이 말하고 가르치는 것을 믿습니다.
10. 우리는 너희가 원하지 않는다는 것을 안다.

제4과

1. 사랑은 젊은이의 기쁨이다.
2. 우리는 그 예언자의 제자들에게 말한다.
3. 너희는 생명과 진리의 책을 본다.
4. 그는 유다의 죄를 안다.
5. 그들은 사랑과 평화의 나라를 원한다.
6. 교회와 회당은 평화를 가르친다.
7. 제자들은 그 세례자의 음성을 듣는다.
8. 우리는 땅의 날과 시간을 취한다.
9. 그 예언자는 너희가 믿는 것을 아느냐? 나는 모른다.
10. 너희는 젊은이들의 마음에 사랑의 계명을 가르친다.

제5과

1. 사람들은 주님의 사랑을 받아들인다.
2. 천사들은 하느님의 얼굴을 보는가?
3. 성전과 성소는 주님의 집이다.
4. 그 땅의 백성은 복음의 선물을 모른다.
5. 사도는 제자들이 생명의 책을 갖기를 원한다.
6. 그 아이는 광야의 길을 알지 못한다.
7. 예수님은 사람의 아들이 안식일의 주인이라고 말씀하신다.
8. 성전은 성소를 가지고 있다.
9. 세상은 예수님이 생명의 빵이심을 믿지 않는다.
10. 갈릴래아 군중은 예수님의 일을 보고도 시간의 표징을 알지 못한다.
11. 하느님에 대한 두려움은 지혜의 시작이다.
12. 평화의 하느님은 천사들에게 생명의 말씀을 가르치신다.
13. 영광의 아버지와 진리의 영께서는 복음의 열매를 보신다.

제6과

1. 우리는 사랑과 평화의 거룩하신 하느님을 안다.
2. 그들은 시간의 표징을 보고 예언자의 제자들에게 가르쳐준다.
3. 교회의 지도자가 악한 사람들에게 말한다. 그러나 그들은 듣지 않는다.

4. 예수님이 그에게 말씀하신다. "나는 길이요 진리요 생명이다."
5. 거룩한 백성과 착한 군중은 주님의 좋은 길을 받아들인다.
6. 복된 천사들은 하늘과 땅과 바다를 본다.
7. 죄인과 마귀의 일들은 악하다.
8. 사도들의 손위 형제들은 영원한 복음의 좋은 선물을 받는다.
9. 첫 번째 여자는 선하고 두 번째 여자는 신실하다. 그러나 세 번째 여자는 의롭지 않다.
10. 하늘의 주님은 선하고 거룩하시다.
11. 죄인들은 하느님의 진리를 갖고 있지 않다.

제7과

1. 우리는 율법을 통해서 정의를 받는 게 아니라 예수 그리스도를 통해서 받는다.
2. 예언자들의 책들은 하느님의 백성을 위한 생명의 길이다.
3. 사도들은 형제들과 함께 하늘 나라를 선포한다.
4. 예수님은 갈릴래아 호수에 계신다.
5. 성경에 따르면 하느님께서 예수님을 일으키신다.
6. 제자들의 모임은 원로들과 함께 사랑의 계명을 듣는다.
7. 제자는 선생 위에 있지 않다.
8. 나는 바다 위에 계신 예수님을 본다.
9. 하늘의 주님께서 땅의 백성 앞에 천사를 보내신다.
10. 예수님은 사람들의 구원을 위하여 교회 안에 머무신다.
11. 하느님은 사랑 때문에 세상을 향해 아들을 보내신다.
12. 사람은 교회의 권위 아래에 있다.

제9과

1. 하느님은 이 천사를 백성에게 보내신다.
2. 우리는 복음의 좋은 선물을 갖고 있지만 너희는 갖고 있지 않다.
3. 저 종의 아들들은 주인과 서로를 사랑한다.
4. 이 사람들은 그 시간에 하늘을 보고 주님의 음성을 듣는다.
5. 너희는 하느님의 평화(자체)를 안다. 그리고 이 말씀들을 군중에게 가르친다.

제11과

1. 저 착한 제자들은 예언자들에게 대답한다.
2. 너희는 너희 마음으로 좋은 일을 시작한다.
3. 젊은이들은 갈릴래아에서 세례자에게 세례를 받는다.
4. 그 날들 이후 온 백성이 하늘 나라에 들어가고 있다.
5. 그 종들의 착한 아들들은 사도에 의해 성전으로 인도된다.
6. 사람은 행업으로 의롭게 되는 것이 아니라 복음의 선물로 의롭게 된다.
7. 신실한 여인들과 거룩한 이들은 생명의 말씀으로 구원받는다.
8. 우리는 주님을 믿고 광야를 지나간다.
9. 하느님은 하늘과 땅, 그리고 그 안에 있는 사람들을 다스리신다.

10. 나는 주님의 음성에 귀기울이지만 너는 그분에게 배우지 않는다.
11. 종들은 주인에게서 빵을 받는다.
1. οἱ κακοὶ ἄγγελοι μετά τῶν ἁμαρτωλῶν κρίνονται ὑπὸ τοῦ θεοῦ.
2. οἱ μακαριοὶ νεανίαι ἀκούουσιν τὸν λόγον τῆς παραβολῆς καὶ ἔρχονται ἐξ οἴκου τοῦ θεοῦ.
3. Ὁ Ἰησοῦς μένει ἐν τῇ ἐρήμῳ καὶ ὁ ὄχλος ἔρχονται τῷ αὐτῷ.
4. τὸ σάββατον ἅγιον γίνεται διὰ τὸν Ἰησοῦν.
5. οἱ μαθηταὶ πέμπονται πρὸς τὴν δευτεράν βασιλείαν ὑπὸ τῶν προφητῶν.

제12과

1. 예언자가 군중을 광야로 이끌고 있었다.
2. 주님의 영광이 그곳을 떠난다. 왜냐하면 악인들이 사도를 죽이고 있었기 때문이다.
3. 착한 여인들이 집에 빵을 모아들이고 있었다.
4. 천사는 악인들에게 생명의 길을 가르치고 있었다. 그러나 그들은 듣지 않고 있었다.
5. 마귀는 그 종을 죽이려고 했다. 그러나 그의 주인은 그를 구하기를 원했다.
6. 주님을 믿는 것은 나에게 좋은 것이다.
7. 나는 이것을 말해야 한다.
8. 예수님은 우리를 위하여 죽임 당하셔야 했다.
9. 신실한 여인들이 예수님을 찾고 있었지만 그분은 땅에 계시지 않는다. 왜냐하면 하느님께서 그분을 일으키셨기 때문이다.
10. 그 종들이 빵을 모아 주님의 집으로 내려가고 있었다.

제13과

1. 우리는 하늘의 표징을 볼 것이고 평화의 길을 찾을 것이다.
2. 예언자의 아들들은 생명의 복음을 선포할 것이다.
3. 젊은이들은 집에 들어가서 빵들을 가져올 것이다.
4. 저 사도의 말은 군중에게 하늘의 선물이 될 것이다.
5. 너희는 성경에서 주님의 음성을 들을 것이고 진리를 알게 될 것이다.

제14과

1. 그 젊은이는 주님 앞에서 착하기도 하고 의롭기도 했다.
2. 사도가 다시 생명의 말씀을 보냈지만 악인들은 여전히 듣지 않았다.
3. 남은 자들은 복음을 찾기도 하고 선포하기도 할 것이다.
4. 죄인들은 믿지도 않았고 치유되지도 않았다.
5. 너희 아이들이 집에 모였다. 나는 그들을 받아들일 것이고 그들은 빵을 먹을 것이다.
6. 그때 우리는 주님께 충실하였지만 너희는 악한 길에 있었다.
7. 천사들은 착한 이들에게 생명을 가져올

것이다. 반면에 마귀들은 악한 이들에게 죽음을 가져올 것이다.

8. 그 날들 이후에 온 백성이 예수님을 통해 하느님을 알게 될 것이다.
9. 바오로는 회당에서 예수 그리스도를 선포하기 시작할 것이다.

제15과

1. 예수님은 베드로에게 말씀신다. "나를 사랑하느냐?" 베드로가 그분께 대답한다. "당신은 제가 당신을 사랑하는 것을 아십니다."
2. 너희는 사람들을 두려워하지만 우리는 주님을 두려워한다.
3. 신실한 여인이 노인에게 외아들을 낳아준다.
4. 눈먼 이들은 이 사도를 보지 못하지만 그에게서 위로를 받는다.
5. 나는 주님을 위하여 살고 죽는다.
6. 예언자가 죄인들에게 좋은 말을 했지만 그들은 듣기를 원하지 않았다.
7. 예수님은 좋은 일을 하셨고 하느님의 말씀을 완성하셨다.
8. 천사는 악인들에게 생명의 길을 권했지만 그들은 살 궁리를 하지 않았다.
9. 눈먼 이들은 예수님을 불렀고 그분한테서 치유 받았다.
10. 우리의 죄들이 거룩하신 주 예수님을 십자가에 못 박았다.

제17과

1. 그 날에 예수님께서 당신 제자들과 함께 술을 마시고 빵을 드셨다.
2. 주님께서 모세에게 말씀하셨다. "나는 광야에서 내 백성의 죄를 보았다."
3. 나는 요나를 데려다 그를 바다로 쫓아냈다.
4. 통치자의 눈들이 너희의 일들뿐 아니라 너희의 마음도 보았다.
5. 이방인들이 악한 도시를 파괴했고 거기에 불도 빛도 없었다.
6. 우리 아버지의 입에서 지혜의 말들이 나왔다.
7. 착한 아내의 남편은 행복하다.
8. 그날 밤 주님께서 백성을 모세에게 데려오셨다. 그리고 산에서 당신의 뜻을 알려주셨다.
9. 순교자들의 피는 신앙의 씨앗이 될 것이다.
10. 희망의 해에 주 나의 하느님, 제가 당신 이름을 영원히 찬미할 것입니다.
11. 주님의 영이 하늘에서 나와 은총의 해를 선포하셨다.
12. 거룩한 임금이 악한 수석 사제들과 나쁜 율법 학자들을 심판할 것이다.
13. 우리의 구원자 예수님께서 당신의 살과 피로 세상의 민족들을 구원하실 것이다.
14. 그 사람은 물과 빵을 찾지 못했으나 술과 물고기들을 찾았다.
15. 죽음 이후에 우리는 부활을 보기 원했다.

제18과

1. 하느님을 두려워하며 의로운 일을 행하는 사람은 행복할 것이다.
2. 신실한 제자들은 백성에게 복음을 선포하면서 도시를 통과하였다.
3. 주님의 율법 안에서 걸어가는 사람들은 행복하다.
4. 보라, 남은 자들에게 평화를 선포하는 이의 발들은 아름답다.
5. 죄짓는 영혼은 죽어서 부활을 볼 수 없을 것이다.
6. 부인들은 예수님의 몸을 찾지 못하자 서로 말하면서 갔다.
7. 이것은 하늘에서 내려오는 빵이다.
8. 예수님이 앉으시자 그분의 제자들이 그분께 다가왔다. 예수님은 그분의 입을 열어 그들을 가르치셨다.
9. 안식일이 되자 그분은 회당에서 가르치기 시작하셨다.
10. 그들이 먹자 예수님은 빵을 들고 말씀하셨다. "이것은 내 몸이다."

제19과

1. 은총과 능력이 충만한 스테파노는 백성 가운데에서 큰 기적들과 표징들을 행했다.
2. 바르나바는 착하고 성령과 믿음이 충만한 사람이었다.
3. 사랑은 많은 일들보다 더 위대하다. 왜냐하면 모든 율법이 사랑을 가르치고 있기 때문이다.
4. 예수님이 그리스도이시라는 것을 믿는 이는 모두 하느님께로부터 나왔다.
5. 믿는 이들은 참된 영광을 찾지만 미련한 이들은 어둠 속에서 머문다.
6. 하느님의 은총은 죄의 능력보다 더 위대하다.

참고 문헌

:: 문법서

박창건, **박익수**, 『신약성서 헬라어 문법』 (대한기독교서회 1995).

박창환 역편, 『신약성서 희랍어교본』 (대한기독교서회 1962, 1994).

스웨트남, J., 『성서 희랍어 입문』, 박찬용 옮김 (가톨릭출판사 1989).

장동수, 『신약성서 헬라어 문법: 어형론과 문장론』 (요단출판사 2001).

한님성서연구소 **하성수·강지숙** 편저, 『그리스어 문법』 (분도출판사 2005).

Bass, F., **Debrunner**, A., *A Greek Grammar of the New Testament and Other Early Christian Literature* (Chicago 1898, 1961).

Burton, E. de W., *Syntax of the Moods and Tenses in New Testament Greek* (Edinburgh 1888, 1976).

Carson, D.A., *Greek Accents. A Student's Manual* (Grand Rapids 1985, [4]1995).

Croy, N.C., *A Primer of Biblical Greek* (Grand Rapids 1999).

Dana, H.E., **Mantey**, J.R., *A Manual Grammar of Greek New Testament* (Toronto 1955, [2]1957).

Gignac, F.T., *An Introductory New Testament Greek Course* (Chicago 1973).

Greenlee, J.H., *A Concise Exegetical Grammar of New Testament Greek* (Grand Rapids 1953, [5]1986).

Hewett, J.A., *New Testament Greek. A Beginning and Intermediate Grammar* (Peabody 1986).

Macdonald, W.G., *Greek Enchiridion. A Concise Handbook of Grammar for Translation and Exegesis* (Peabody 1986, [2]1989).

Moulton, J.H., *A Grammar of New Testament Greek, I. Prologomena* (Edinburgh 1908, 1957); W.F. Howard (ed.), *II. Accidence and Word-formation* (1956); N. Turner (ed.), *III. Syntax* (1963).

Mounce, W.D., *Basics of Biblical Greek : Grammar* (Grand Rapids 1993, [2]2003).

Nida, E.A., **Louw**, J.P., *Lexical Semantics of the Greek New Testament* (Atlanta 1992).

Smyth, H.W., *Greek Grammar* (Cambridge 1920, 1984).

Swetnam, J., *Introduction the study of New Testament Greek part 1 : Morphology 2 vols.* (Rome 1992).

Whitacre, R.A., *A Patristic Greek Reader* (Peabody 2007).

Young, R.A., *Intermediate New Testament Greek. A Linguistic and Exegetical Approach* (Nashville 1994).

:: 사전과 콘코던스

Abbot-Smith, G., *A Manual Greek Lexicon of the New Testament* (Edinburgh 1921, [3]1986).

Bauer, W., *A Greek-English Lexicon of the New Testament and Other Early Christian Literature* (Chicago 1957, 1979).

Liddell, H.G., **Scott**, R., *A Greek-English Lexicon* (Oxford 1843, 1990).

Metzger, B.M.,
A Textual Commentary on the Greek New Testament. A Companion Volume to the UBS' Greek New Testament (third Edition) (London 1971, [2]1975).
Lexical Aids for Students of New Testament Greek (Princeton 1983).

Moulton, W.F. et al (eds.), *Concordance to the New Testament according to the Texts of WESTCOTT and HORT, TISCHENDORF and the English Revisors* (Edinburgh 1978, 1980).

Omanson, R.L., *A Textual Guide to the Greek New Testament* (Stuttgart 2006).

Perschbacher, W.J. (ed.),
The New Analytical Greek Lexicon (Peabody 1990).
An Intermediate Greek-English Lexicon (Oxford 1889, 1994).

Porter, S.E., *Idioms of the Greek New Testament* (Sheffield 1995).

Robinson, T.A., *Mastering Greek Vocabulary* (Peabody 1991).

Rogers C.L. JR./C.L. III, *The New Linguistic and Exegetical Key to the Greek New Testament* (Grand Rapids 1998).

Thayer, J.H., *A Greek-English Lexicon of the New Testament* (Edinburgh 1901, 1961).

Zerwick, M., **Grosvener**, M., *A Grammatical Analysis of the New Testament* (Roma 1974, [5]1996).

Computer-Konkordanz zum Novum Testamentum Graece. Von Nestle -Aland, 26. Auflage und zum Greek New Testament, third edition, ed. Institut für neutestamentliche Textforschung und dem Rechenzentrum der Universität Münster (Berlin 1980).

:: 그리스어 성경 본문

Aland, B/K. et al (eds.),
Novum Testamentum Graece, 27th ed. (Stuttgart 1993).
The Greek New Testament, 4th ed. (Stuttgart 1983, [2]1993).